高职会计专业项目化课程改革系列教材

总主编 陈 丽

U0754110

成本会计实务与实训

主编 王亚静 陈 丽

副主编 郭红梅 孙玉红

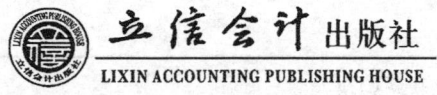

立信会计出版社

LIXIN ACCOUNTING PUBLISHING HOUSE

图书在版编目(CIP)数据

成本会计实务与实训 / 王亚静,陈丽主编. —上海:
立信会计出版社,2015.8(2023.1 重印)
高职会计专业项目化课程改革系列教材
ISBN 978 - 7 - 5429 - 4741 - 3

Ⅰ.①成…　Ⅱ.①王…　②陈…　Ⅲ.①成本会计—
会计实务—高等职业教育—教材　Ⅳ.①F234.2

中国版本图书馆 CIP 数据核字(2015)第 190256 号

策划编辑	余　榕
责任编辑	余　榕
封面设计	周崇文

成本会计实务与实训
CHENGBEN KUAIJI SHIWU YU SHIXUN

出版发行	立信会计出版社		
地　　址	上海市中山西路 2230 号	邮政编码	200235
电　　话	(021)64411389	传　　真	(021)64411325
网　　址	www.lixinaph.com	电子邮箱	lixinaph2019@126.com
网上书店	http://lixin.jd.com	http://lxkjcbs.tmall.com	
经　　销	各地新华书店		
印　　刷	江苏凤凰数码印务有限公司		
开　　本	787 毫米×1092 毫米	1/16	
印　　张	11.5		
字　　数	278 千字		
版　　次	2015 年 8 月第 1 版		
印　　次	2023 年 1 月第 5 次		
书　　号	ISBN 978 - 7 - 5429 - 4741 - 3/F		
定　　价	38.00 元		

如有印订差错,请与本社联系调换

高职会计专业项目化课程改革系列教材
编 委 会

GENERAL PREFACE 总　序

　　2014年5月，国务院颁布《国务院关于加快发展现代职业教育的决定》，要求专科高等职业院校要密切产学研合作，培养服务区域发展的技术技能人才。因此，高职会计专业应当以培养高端技术技能型人才为目标。这就要求会计专业教学在兼顾会计基本原理的基础上，注重学生会计实务操作能力的培养，同时加强学生会计基本技能的训练。教材在会计教学中起着至关重要的作用，优秀实用的教材不仅能够帮助教师进行课程教学设计和实施，而且能够指导学生课前预习、课中自学和课后训练，最终实现上述教学目标。基于此，我们组织行业企业专家及专业骨干教师编写了本系列教材。

　　本系列教材以"能力导向、项目（任务）载体、素养贯穿、课证结合"作为整体设计理念并确定基本框架和结构，是进行项目导向、任务驱动等"教学做"一体的教学模式改革的阶段性成果，也是校企深度合作的成果体现。本系列教材具有以下特色：

　　一是在内容设计上，突出了学生实务操作能力的培养，同时兼顾学生考证的需要。从内容上看，本系列教材提供了大量企业经营中涉及的原始凭证，帮助学生在进入工作岗位时能直接根据原始凭证识别经济业务，避免了教学中过多使用文字叙述经济业务的弊端；明确区分了会计的日常业务和期末业务内容，使学生对会计工作的日常处理和期末处理能够有较为完整的理解；通过内容对接和习题训练，将课程教学与学生会计从业资格考试和会计专业技术资格考试密切结合。

　　二是在结构设计上，将学生职业素养的培养贯穿始终。从结构上看，本系列教材根据会计岗位任职要求设计了若干项目和任务，每个任

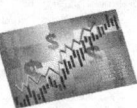

务以"任务布置"作为引导,后面进一步为学生完成任务提供"知识链接"。值得一提的是,本系列教材在每个任务下为每个教学单元设计了子任务。课前学生通过自学知识链接分组完成每个单元的子任务;课上学生展示任务成果并与教师和其他同学讨论,之后由教师进行点评和知识要点总结;课后学生通过完成教材提供的对应实训项目进一步巩固知识和能力。总之,上述设计方便教师采用"教学做"的教学模式开展教学,使学生在训练会计实务操作能力的同时提升计算机办公软件应用能力、团队协作能力、交流能力、表达能力等职业素养。

本系列教材作为校本教材,已在山东外贸职业学院会计专业和会计电算化专业 2011 级、2012 级和 2013 级学生中使用。本系列教材在使用过程中不断征询学生、相关授课老师和校外行业企业专家的意见和建议,每次课程结束时都对学生进行问卷调查,并根据他们提出的意见和建议进行了多次修改。

本系列教材理论与实务相结合,习题、实训及其答案、ppt 课件一应俱全,能够充分满足高职层次学生提升操作能力和学习知识的需要。因此,授课教师普遍反映本系列教材是课程教学的好帮手;学生也喜欢使用本系列教材上课,可以大幅度提高学习效率和效果,毕业后也能迅速适应会计岗位工作。

本系列教材的出版得到了立信会计出版社的大力支持,特别是余榕编辑的大力协助才促使本系列教材得以顺利出版,在此致以衷心的谢意。

本系列教材所做的探索是初步的,由于编者水平有限,教材中难免有考虑不周甚至错误之处,敬请读者批评指正。

编委会

　　教学改革，教材先行。为了践行《教育部关于加强高职高专教育人才培养工作的意见》文件精神，推动教育教学改革朝着"以培养职业能力为中心，理论与实践并重"的方向发展，按照突出应用性、实践性的原则，立足于企业成本核算岗位的需求和课程教学目标，我们与合作企业专家共同开发了能够体现职业教育特色的《成本会计实务与实训》教材，本教材也是会计专业分岗位课程教学改革的阶段性成果。

　　本教材分为上、下两篇：实务篇和实训篇。实务篇以项目导向下的任务驱动式教学思想确定基本框架，将学生的职业素养的培养贯穿全书。实务篇包括五个核算项目：项目1为成本核算导读；项目2为运用品种法计算产品成本；项目3为运用分批法计算产品成本；项目4为运用分步法计算产品成本；项目5为工业企业成本报表的编制和分析。在每个项目下，根据不同的内容设置了不同的任务；在每个任务下，根据高职学生的特点和任职规律，配合学生技能培养和知识学习的需要，设置了若干个子任务。实训篇以成本核算的三个基本方法为核心，配合相应的成本核算方法实训，突出了成本核算各环节的实务性，连贯性和整体性。

　　本教材由王亚静、陈丽老师任主编，确定基本框架结构，并最后进行统撰和修改；郭红梅、孙玉红任副主编。实务篇由王亚静、郭红梅、孙玉红、唐智昊、孙静、杨智慧、王雪梅、杨智慧、万顾钧、孙中平、徐烨、袁东霞老师共同编写；实训篇由王亚静、郭红梅、孙玉红、唐智昊老师编写。本教材在编写过程中得到了山东省国际贸易集团孙志海总经理助理、青岛可信财税事务所有限公司朱海燕总经理提出的宝贵意见，山东

外贸职业学院财会金融系会计、会计电算化教研室其他老师也给予了大力支持和帮助,再次深表谢意!

　　本教材适用于所有学完基础会计课程的学员,特别是高职财会及其相关专业的学生。

　　由于编者水平有限,书中难免有不妥之处,恳请读者批评指正。

编　者

2015 年 8 月

CONTENTS 目 录

上篇 实 务 篇

下 篇　实 训 篇

上篇 实务篇

导视图

成本核算导读

↓

运用品种法
计算产品成本

↓

运用分批法
计算产品成本

↓

运用分步法
计算产品成本

↓

工业企业成本报
表的编制与分析

↓

分项目练习题

项目 1

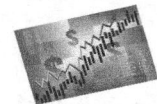

成本核算导读

能力目标	1. 能区分成本、费用，合理归集生产成本和期间费用。 2. 能正确划分各种费用的界限。 2. 能区分要素费用和成本项目。 3. 能根据产品生产特点设置相关账户和成本项目。
知识目标	1. 理解成本的含义及其作用。 2. 理解成本会计的概念。 3. 掌握成本会计的职能。 4. 了解成本会计的工作组织。 5. 掌握成本按生产用途分类和经济内容分类。 6. 掌握成本核算的基本程序。
素质目标	1. 培养学生具有良好的职业道德素质，爱岗敬业，诚信为本，能保守企业商业机密。 2. 启发学生主动地思考问题，培养学生的创新能力。 3. 培养学生团队沟通、协作的态度和内外协调的能力。 4. 培养学生终身学习意识和自学的能力。

任务 1.1　认识成本会计

一、任务布置

【任务 1-1】　成本核算的重要性

巴菲特关注收入增长率高低，更关注成本高低。收入高低决定企业日子是好还是坏，但成本高低决定大部分企业是生还是死。因为巴菲特发现，大部分行业的竞争不是品牌竞争，而是成本竞争。企业只有成本足够低，才能盈利更多，生存更久。

拥有强大品牌、专利等独一无二的资源而具有提价能力的企业只是极少数，大多数企业生

产的是替代性很强的普通商品,行业竞争激烈,只能接受市场定价。正如巴菲特所说:"如果成本和价格根据非常激烈的市场竞争来决定,产品往往就会供过于求,顾客又不在乎产品生产厂商或销售渠道有什么不同,那么这个行业里面的企业日子肯定不会好过。"

如果行业非常景气,所有的企业都产销两旺,但往往产能扩张的速度大大超过市场需求的增长,一旦市场需求下滑,产能却不会马上下降,这时所有企业只能降价促销。当市场价格降到其成本线以下,那些成本高的企业就面临倒闭,成本越高,死得越早。在这种高度竞争的行业里,企业最后能活下来,而且能够长期存活下来的唯一办法就是,降低成本。

生活中处处有成本核算的实例,你能找出一个反映成本重要性的案例吗?

二、知识链接

(一)成本的含义和作用

1. 含义

根据马克思主义政治经济学,商品是使用价值和价值的统一,是社会经济发展到一定阶段的产物。商品的价值由三部分组成:①生产中已经消耗的生产资料的价值(C)。②劳动者为自己的劳动所创造的价值(V)。③劳动者为社会所创造的价值(M)。从理论上讲,成本是一个价值范畴,是商品价值中的 C+V 部分。换句话说,成本是企业在商品生产过程中,已经消耗的生产资料的价值和劳动者为自己的劳动所创造的价值之和。这一表述就是通常所说的"理论成本",它说明了成本的经济实质。

实际工作中成本的含义与理论上的阐述有所不同,并会随着经济的发展、管理要求的提高而相应地发生变化。例如,将废品损失、停工损失等损失列入产品的成本,但这并不是产品的生产性耗费,而是纯粹的损失。因此,实际工作中,为了使企业成本计算内容一致,防止乱挤乱摊成本,应由国家统一制定产品成本开支范围,明确规定哪些开支允许列入成本,哪些开支不允许列入成本。这种按照法定内容计算出来并登记入账的实际成本,称为制度成本。

以制度成本为基础,本书将成本界定为企业一定时期内为生产产品或提供劳务而发生的各种耗费。它与产品的生产或劳务的提供直接相关,形成了企业的产品成本或劳务成本。

2. 支出、费用和成本的关系

对于学习和运用成本会计的人来说,明确区分成本和费用的概念是学好、用好成本会计的第一步,也是关键的一步。而对于初学者来说,经常会对产品成本、生产费用、期间费用等概念发生混淆。

【任务 1-1-1】 区分成本和费用的概念

某家具厂主要生产板式家具,该厂 201×年 8 月发生的有关成本费用资料如下:

(1)家具生产耗用板材 80 000 元。

(2)车间生产工人工资 22 000 元。

(3)生产耗用电费 1 500 元。

(4)车间管理人员工资 5 000 元。

(5)销售网点人员工资 6 000 元。

(6)企业经营人员工资 11 000 元。

(7)支付车间办公费 1 000 元。

（8）支付厂部办公室电话费 900 元。

（9）报销行政人员差旅费 800 元。

（10）购买车间职工劳保用品 700 元。

（11）支付车间机器修理费 300 元。

（12）支付为购买车间设备借款应由本季度负担的利息 30 000 元。

（13）公司车辆罚款支出 400 元。

该企业会计人员将上述费用分类列示如下：

生产成本 =（1）+（2）+（4）+（5）= 113 000（元）

生产费用 =（3）+（7）+（11）= 2 800（元）

期间费用 =（6）+（8）+（9）+（10）+（12）+（13）= 43 800（元）

请根据上述资料分析该企业会计人员对这些费用所做的分类是否正确？并说明理由。

1）支出

支出是指企业的经济利益的总流出。其中，经济利益是指直接或间接地流入企业的现金或现金等价物。因此，支出就是企业现金或现金等价物的总流出，具体包括资本性支出和收益性支出；与日常活动有关的支出、营业外支出、所得税支出、利润分配性支出等。

资本性支出是指企业支出的效益与前后各会计年度有关的支出，如固定资产支出、无形资产支出等。收益性支出是指企业支出的效益只与本会计年度有关的支出，如原材料支出、工资支出等。

与日常活动有关的支出是指企业在日常活动中发生的支出，既包括资本性支出也包括收益性支出。其中，日常活动是指企业为完成其经营目标所从事的经常性活动以及与之相关的活动；营业外支出是指与本企业的日常活动无关的支出，如企业应缴纳的罚款、企业应支付的赔偿金等；所得税支出是指企业因一定会计期间所得应该缴纳的税而发生的支出，即企业所得税支出；利润分配性支出是指企业在利润分配环节发生的支出，如现金股利分配支出等。

2）费用

费用是指企业在日常活动中发生的，会导致所有者权益减少的，与向所有者分配利润无关的经济利益的总流出，也即企业的生产经营费用。费用具有如下特征：

（1）费用应当是企业在日常活动中发生的，通常包括销售成本、职工薪酬、折旧费、无形资产摊销费等。

（2）费用应当会导致经济利益的流出，该流出不包括向所有者分配的利润。

（3）费用应当最终会导致所有者权益的减少，因此偿还借款、购买工程物资等发生的支出不作为费用。

因此，在企业的各项支出中，只有与日常活动有关的收益性支出才是费用。也就是说，只有用于产品的生产和销售、用于组织和管理生产经营活动，以及为筹集生产经营资金所发生的各种收益性支出才应计入费用。实质上，费用发生时根据具体情况可能会计入生产成本、制造费用、管理费用、销售费用、财务费用。鉴于此，费用按其与产品生产（或提供劳务）的关系可分为产品生产费用和期间费用。

产品生产费用是指企业一定时期内为生产产品和提供劳务而发生的各种耗费。它同产品的生产有直接关系，最终将形成企业的产品成本，也就是本书界定的成本。它包括直接材料、

直接人工和制造费用,最终将计入生产成本和制造费用。

期间费用是指同企业日常活动有密切关系,但同产品的生产无直接关系的耗费。它与企业日常活动发生的期间配比,直接计入当期损益,不构成企业的产品成本。它包括管理费用、销售费用和财务费用。

3)成本

成本是对象化的支出,是为了获得一项资产或某种服务而付出的代价。成本具有如下特征:①成本是资源转化的量度。在商品社会中,价值等价交换,企业要获得一项资源就必然牺牲另一资源。②成本不会减少所有者权益。企业发生成本,并没有发生纯耗费,而是资源从一种形态转变成另一种形态,总资源未变化。此为费用与成本的根本区别。不管是对外交易,还是企业内部资源转换而发生的成本,都遵循资源转换的等价性,即在转换过程中不产生收益。

4)支出、费用和成本的关系

支出、费用和成本的关系见图1-1。

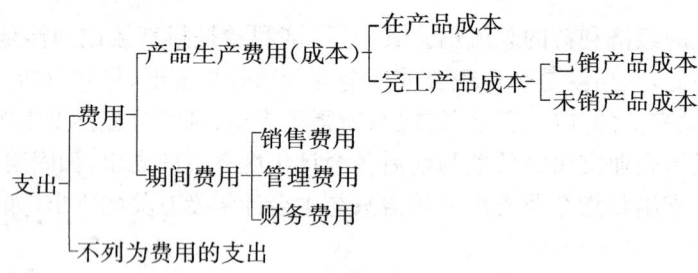

图1-1　支出、费用和成本的关系

❓思考

怎么理解生产费用和生产成本?

3. 成本的作用

成本是反映和控制企业生产经营管理工作的综合性指标,是确定企业盈亏和制定产品价格的基础。在市场经济条件下,具有十分重要的作用。其主要表现在以下四个方面:

其一,成本是生产耗费补偿的尺度。企业的生产经营过程,也是生产的耗费过程。企业在生产经营活动中耗费的生产要素的种类和数量是通过成本指标来反映的。为了保证企业再生产的不断进行,必须对生产耗费(包括已经消耗的生产资料的价值和劳动者为自己的劳动所创造的价值)进行补偿。企业是自负盈亏的商品生产者和经营者,其生产过程中的耗费只能按照成本数额用销售收入补偿,即企业从取得的收入中划分出相当于费用的部分,用于重新购买原材料、支付工资和其他费用。若补偿小于耗费,再生产得不到保证,必然影响到企业的盈利和利润分配。因此,成本这一补偿耗费的尺度,对于正确计算企业利润有着重要的意义。

其二,成本是综合反映企业工作质量的重要指标。企业生产经营的目的是向社会提供产品或劳务,同时获取利润。企业实现的收入减去费用的差额等于营业利润。企业必须以尽可能少的费用投入,实现尽可能多的利润。所以,企业必须对生产过程中的耗费进行如实反映。企业产品产量的多少、产品质量的好坏、劳动生产率的高低、废品率的高低、材料是否节约、生产设备是否充分利用、工艺过程是否合理、供销环节是否协调等,都直接或间接地影响到产品成本。利用成本指标还可以事先控制成本水平,监督各项费用开支。通过成本指标,可以综合反映企业各个方面的工作质量。

其三，成本是制定产品价格的重要依据。产品价格是价值的货币表现，国家和企业制定产品价格时，必须遵照价值规律，使产品价格尽可能符合产品的价值。企业再生产过程中的耗费由销售收入补偿，销售收入等于销售数量乘以销售价格。当产品的价格低于其成本时，企业的销量越大，其亏损就越多。只有销售价格高于其成本，才能使企业销量越大，利润越高。因此，成本是制定产品价格的重要依据。

其四，成本是企业生产经营决策的重要依据。企业经营管理的核心是提高本企业的经济效益，只有不断提高经济效益，才能增强自身的竞争能力。为此，企业必须进行正确的生产经营决策。成本因素是作出生产经营决策的决定性因素，因为成本低，才可能有较好的经济效益，才可能有较强的社会竞争力。所以，成本是企业生产经营决策的重要依据。

（二）成本会计的对象

不同时期成本会计的含义不同，现代成本会计是指运用会计的基本原理和一般核算原则，采用专门的方法，对企业的生产经营过程中发生的成本、费用进行连续、系统、全面、综合的核算和监督的一种管理活动。成本会计有狭义和广义之分。狭义的成本会计只是指进行成本核算的会计；而广义的成本会计是指进行成本预测、成本决策、成本计划、成本控制、成本核算、成本分析、成本考核和成本检查等各个环节的管理活动的会计。

由成本会计的概念可以看出，成本会计属于专业会计，它具备会计的基本特征与基本职能，其核算的对象是企业生产经营过程中发生的各项成本费用。成本会计是会计学科体系的一个重要分支。

成本会计的对象是指成本会计反映和监督的内容。随着成本会计的发展，成本会计的对象也发生着变化。我国的部分企业，为加强成本管理，提高经济效益，已开始从西方发达国家引用变动成本、固定成本等专项成本概念。因此，现代成本会计的对象是指各行业企业生产经营业务成本、有关的经营管理费用和各种专项成本等。

本书以工业企业为例讲述成本核算的过程。

工业企业在生产经营过程中，有些耗费与产品生产有直接关系，如原材料耗费、人工耗费等，这些与产品生产有直接关系的耗费都采用一定的方法计入产品成本。企业为加强经济核算，某些不形成产品价值的损失（如废品损失、季节性和修理期间的停工损失等）也计入产品成本。产品成本是工业企业成本会计的对象。

此外，工业企业在生产经营过程中，有一些耗费与产品生产无直接关系，如销售部门为销售产品所发生的销售费用，管理部门为组织和管理企业的生产所发生的管理费用，企业发生的金融机构手续费等财务费用，都难以按产品计入产品成本，一般按期间计入当期损益，形成企业的销售费用、管理费用、财务费用三项期间费用，从当期利润中扣除。这些也是工业企业成本会计的对象。

综上所述，工业企业成本会计的对象包括产品成本和期间费用。

（三）成本会计的职能和任务

1. 成本会计的职能

成本会计的职能是指成本会计作为一种经济管理活动，在整个生产经营过程中所发挥的功能。它贯穿在成本管理的各个环节，其主要职能有成本预测、成本决策、成本计划、成本控制、成本核算、成本分析、成本考核和成本检查。

（1）成本预测。成本预测是根据成本数据和其他相关资料，运用一定的专门方法，对企业

未来的成本水平及其发展趋势作出科学的估计。成本预测是确定目标成本和选择达到目标成本途径的重要手段。也就是说,通过成本预测,掌握了企业未来的成本水平及变动趋势,可以提高降低成本的自觉性,也为成本决策、成本计划和成本控制提供了及时有效的信息。

　　(2)成本决策。成本决策是在成本预测的基础上,结合企业的具体情况,对制定的各种可行性方案进行分析、比较,从中选择出最优方案,以便确定目标成本,制定成本计划。例如,同一种产品不同等级的产量如何搭配使利润最大;自制半成品是直接出售还是继续加工;零部件自制还是外购的决策等。成本决策是成本计划的前提,是企业提高经济效益的重要途径。

　　(3)成本计划。成本计划是根据成本决策提供的最优方案所确定的成本目标,具体规定在一定时期内为完成生产任务所需的生产费用数额,确定各种产品的成本水平,并提出保证成本计划顺利实现所应该采取的措施。成本计划通常包括编制生产成本及期间费用预算、产品总成本及单位成本计划、可比产品成本降低计划及完成计划的措施等。成本计划为企业进行成本控制、成本分析和成本考核提供了重要依据,一经确定,对各个生产单位及职能部门就具有了约束作用。

　　(4)成本控制。成本控制是指在生产经营活动中,根据预先规定的成本标准和费用预算,对比实际发生的费用与成本,及时发现其与预定的目标之间的差异,及时纠正,使其控制在成本计划和成本标准的范围内。成本和费用是反映企业工作质量的综合性经济指标。通过成本控制,可以揭示问题,找出差距,防止浪费,消除损失。成本控制的范围涉及企业生产经营各环节、各部门,内容包括企业人力、物力、财力的成本,是综合反映企业工作质量的重要指标。

　　(5)成本核算。成本核算是对企业生产经营过程中所发生的各种成本,按照一定的对象和标准进行归集和分配,并进行相应的账务处理的过程。成本核算是成本会计工作的核心。通过成本核算,可以计算出产品的实际总成本和单位成本,进而能够反映成本计划的执行情况,为编制下期成本计划,进行未来成本预测和决策提供资料;同时,成本核算也是制定产品价格的重要依据。

　　(6)成本分析。成本分析是根据成本计划、成本核算提供的资料和其他相关资料,与相关指标(如目标成本、上年实际成本、同行业成本等)进行对比,揭示影响成本、费用的各种因素及影响程度,以了解产品成本的变动情况,挖掘企业降低成本、节约费用的潜力。成本分析是成本核算工作的继续,是成本会计的重要组成部分。根据成本报表和成本计划等资料进行的成本事后分析,主要包括全部产品成本计划完成情况的分析、可比产品成本计划完成情况的分析、产品单位成本计划完成情况的分析、制造费用预算执行情况的分析、技术经济指标变动对产品成本影响的分析、产品质量变动对成本影响的分析、工人劳动生产率变动对成本影响的分析、材料利用情况变化对成本影响的分析等。

　　(7)成本考核。成本考核是根据成本核算、成本分析提供的资料和其他相关资料,定期对成本计划及有关指标实际完成情况进行总结和评价。成本考核以各责任者为考核对象,以其可控制成本为界限,并按责任的归属来核算和考核其成本指标的完成情况,评价其工作业绩和决定对其奖惩,以充分调动各个责任者完成预定目标的积极性。

　　(8)成本检查。成本检查又称成本审查,是指企业通过审核各项费用和产品成本,以检查各项费用开支的合法性、合理性、真实性及产品成本计算的正确性。它既包括企业内部成本会计工作人员的日常审查,也包括企业外部有关人员定期和不定期地对企业成本费用的审查。通过成本检查,能够发现企业的各项费用开支是否符合国家有关规定,成本计算是否正确,并且能够发现管理中的漏洞,提高员工节约费用,降低成本的意识。

上述成本会计的八项职能既相互独立又相互联系,构成了成本会计工作的有机整体。成本预测是成本决策的前提,成本决策是成本预测的结果;成本计划是成本决策所确定的成本目标的具体化,同时又是成本控制、成本分析、成本考核的依据;成本控制是对成本计划的实施进行监督,保证决策目标的实现;成本核算是对决策目标是否实现的最后检验;成本核算和成本计划资料是成本分析的依据,成本分析在于找出影响成本变动的各种因素和原因,并对成本决策的正确性作出判断;成本考核是实现成本决策目标,强化成本核算作用的重要手段;成本检查是成本核算的继续和深化,是保证成本核算资料的真实性、合法性、合理性的重要手段。

在上述各项职能中,成本核算是成本会计最基本的职能,离开了成本核算,就谈不上成本会计,更谈不上其他职能的发挥。

2. 成本会计的任务

成本会计的任务是由成本会计的内容和成本管理的要求所决定的,其根本任务是促进企业不断降低成本,提高经济效益。具体来说,成本会计的任务主要包括进行成本预测,编制成本计划和费用预算,争取企业生产经营效益的最优化;正确计算产品成本,及时提供成本信息,反映成本计划的执行情况;定期分析和考核消耗定额和成本计划的执行情况和结果,调动企业职工生产经营的积极性。值得注意的是,正确计算产品的实际成本,是成本会计的核心工作。

(四)成本会计工作组织及制度

为保证成本会计任务的实现,必须对成本会计工作进行合理组织,设置合理的成本会计机构,配备专职或兼职的成本会计工作人员,制定合理的成本会计制度。

为了充分发挥成本会计的职能作用,圆满完成成本会计的任务,企业必须科学地组织成本会计工作。成本会计工作组织主要包括设置成本会计机构、配备必要的成本会计人员、制定科学合理的成本会计制度等。一般来说,企业应根据本单位生产经营的特点、生产规模的大小和成本管理的要求等具体情况来组织成本会计工作。

1. 成本会计的机构和人员

(1)成本会计机构。成本会计机构是相对静态的社会实体单位,是企业负责组织领导和直接从事成本会计工作的职能部门。企业应当在保证成本会计工作质量的前提下,按照节约成本会计工作时间和费用的原则,设置成本会计工作机构。企业的业务类型和经营规模以及成本会计机构与财务会计机构的关系都影响到成本会计工作组织的设置。

成本会计机构可以按照成本会计的职能设立成本预测组、成本分析组、成本核算组等,也可以按照成本会计的对象设立产品成本分析和核算组、期间费用分析和核算组。不论以何种标准设立的成本会计工作组,都应当在本企业会计部门的领导下,认真执行成本会计制度及有关的管理制度,都应当负责组织和处理各项成本会计工作业务,当好领导的参谋,使企业在良性状态下运作。

(2)成本会计工作的组织形式。

【任务 1-1-2】　成本会计工作的组织

张明于 201×年 8 月从某财经大学毕业后,应聘到万利机械厂当成本会计。财务部成本科李科长向张明介绍了该厂的基本情况:

该厂主要生产用于农业收割的大型机械,全厂设有 7 个基本生产车间,分别生产农业机械

的各种零件和零部件的组装。另外,还设有2个辅助生产车间,为基本生产车间和其他部门提供劳务。该厂现有会计人员38人,其中成本会计人员8人(不包括各个生产车间内的成本统计员)。该厂规模较大,但为了集中控制成本和进行成本分析的需要,现在实行的是厂部一级成本核算体制,但有人建议该厂应该实行车间和厂部两级成本核算体制。

李科长让张明对企业生产经营特点、成本核算和其他方面的情况进行详细的调查之后回答如下几个问题:

(1) 根据本厂的具体情况,应采用集中式一级核算体制还是分散式两级核算体制?

(2) 车间和厂部应该设置哪些成本会计核算的岗位?

(3) 车间和厂部应该设置哪些成本核算的总账和明细账?

企业内部各级成本会计机构的分工方式包括集中式和分散式两种。①集中式。集中式是指由企业总部的成本会计机构集中负责制订成本计划与定额,完成成本核算和分析等方面的工作。采用这种工作方式减少了核算层次和核算人员,但却不利于车间、班组掌握和控制成本,不利于调动各层次的积极性。这种组织形式一般适用于成本会计工作较为简单的企业。②分散式。分散式也称为非集中式,是指成本核算等方面的工作,分散由各分厂、车间等生产单位,其他有关部门和公司总部的成本会计机构分别完成。企业总部的成本会计机构对各生产单位和其他有关部门的成本会计机构的工作进行指导、监督,负责成本数据的最后汇总,对整个企业成本进行综合的预测、决策、计划、控制、核算、分析、考核和检查。采用这种工作方式有利于成本费用的分级管理和责任成本的核算,能充分调动全体职工增产节约、降低成本的积极性;但却增加了核算层次和核算人员,同时也增加了成本会计工作的时间和费用。这种组织形式一般适用于成本会计工作较为复杂、各部门独立性较强的企业。

(3) 成本会计人员。成本会计人员的工作效率和自身素质在成本会计工作中尤为重要。企业可以根据自身的规模合理配备成本会计工作人员。在规模大的企业,要专设成本会计部门,配备具有成本会计专业知识的人员;规模相对较小的企业,通常在会计部门中指定专人处理成本会计工作。

2. 成本会计的法律、法规和制度

为规范会计工作,我国制定了专门的会计法律、法规和制度,成本会计机构和会计人员也必须严格按照有关会计法律、法规和制度的规定进行成本核算,实行会计监督。与成本会计有关的法律、法规和制度包括《中华人民共和国会计法》、国家统一的会计制度和企业内部的会计制度和成本核算办法。

(1)《中华人民共和国会计法》。《中华人民共和国会计法》是由全国人民代表大会及其常务委员会制定的会计法律规范。它是会计法规体系中最具权威性、最具法律效力的法律规范,是制定其他各层次会计法规的依据。

(2) 国家统一的会计制度。国家统一的会计制度是由国务院财政部门制定的会计部门规章。它包括国家统一的会计核算制度、国家统一的会计监督制度、国家统一的会计机构和会计人员制度、国家统一的会计工作管理制度等。

(3) 企业内部的会计制度和成本核算办法。企业组织成本费用核算时,应当根据企业的具体情况,制定企业内部的会计制度和成本核算办法。当然,企业内部的会计制度和成本核算办法的制定必须依照《中华人民共和国会计法》和国家统一的会计制度的要求,符合本企业经济活动的特点,并能满足本企业进行成本核算和监督的要求。

任务 1.2 工业企业成本核算的基本要求和步骤

一、任务布置

【任务 1-2】 正确划分各种费用的界限

某灯具厂主要生产白炽灯、LED 射灯、豪华吊灯三种产品,其中 LED 射灯、豪华吊灯为盈利产品,白炽灯为亏损产品。但因为白炽灯曾经是企业的核心产品,所占销售比重较大,对于企业的固定成本有很大的分摊和支撑作用,一直也未停产。经过该厂新来的财务主管李伟的调查发现,该厂的制造费用是采用平均的方法分配到各种产品成本中去的,但是,根据受益原则,由各种产品引起的制造费用各明细项目并不相同。例如,用于生产白炽灯的机器设备有 90% 已提足折旧,因此白炽灯应分摊的折旧费用比较少,而用于生产 LED 射灯、豪华吊灯的机器设备大多为新购置的,分摊的折旧费用较多。而当企业采用平均的方法分摊时,无疑会加大白炽灯的费用负担,其他类似的费用,如生产用固定资产的租赁费、生产检验费等,都使白炽灯多摊销了很多费用,这是很不合理的,也是导致白炽灯亏损的主要原因之一。李伟将这一做法的不合理之处向主管领导做了汇报和说明,但该领导认为,这样分摊费用,一是可以简化核算,二是可以使新产品的毛利率保持在一个较高的、可以与同行业其他企业竞争的水平,所以最好还是维持现行做法。

李伟还发现企业不仅在各种产品之间费用划分上存在着不合理之处,而且在完工产品与在产品之间的费用分配上,也因为简化核算而采用了不合理的方法。该厂在产品数量较大且各月之间变化也较大,各种费用所占的比重相差不多,原材料费用大多在生产开始时一次投入,但在产品的完工程度不尽相同。而该厂在完工产品与在产品之间的费用分配问题上所采用的方法是:所有费用按完工产品与在产品的实际数量比例分配。

根据上述资料分析,该企业的这种做法是否正确?并说明理由。

二、知识链接

(一)工业企业成本核算的内容

工业企业成本核算有广义和狭义之分。广义的成本核算包括产品生产费用的核算和期间费用的核算;而狭义的成本核算仅指产品生产费用的核算。其中,期间费用的核算包括管理费用、销售费用和财务费用的核算;产品生产费用的核算是指对生产过程中所发生的各项费用进行审核,并按照一定的成本计算对象进行归集和分配,进而采用适当的方法计算出各对象的总成本和单位成本的过程。

特别提醒

成本计算对象是指承担产品生产费用的对象。对于工业企业来说,成本计算对象一般是其生产的各种产品或提供的各种劳务。除此之外,产品批次、产品类别或者生产步骤等都可以作为成本计算对象。本书主要以产品的相关内容为例进行讲解,不涉及劳务。

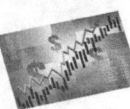

本书所指成本核算是狭义的成本核算。具体来讲,包括以下内容:

(1)要素费用的核算。要素费用的核算包括材料费用、外购动力费用、人工费用、折旧费用、利息费用、税金和其他费用的核算。

(2)部门费用的核算。部门费用的核算包括辅助生产费用、制造费用、废品损失和停工损失的核算。

(3)生产成本在完工产品和在产品之间分配的核算。

(二)工业企业成本核算的基本要求

1. 正确划分各种费用界限

(1)正确划分生产经营费用与非生产经营费用的界限。一个会计主体在其日常业务活动中会发生多种性质的支出,除了与日常活动有关的支出外,还有资本性支出、福利性支出、营业外支出等。在企业的各项支出中,只有与日常活动有关的支出才是生产经营费用(包括产品生产费用和期间费用)。也就是说,只有用于产品的生产和销售、用于组织和管理生产经营活动,以及为筹集生产经营资金等日常活动所发生的各种收益性支出,才应计入生产经营费用。

为了正确计算产品成本和期间费用,应当先正确划分生产经营费用与非生产经营费用的界限,即严格费用成本的开支范围。按照国家统一会计制度规定不得列入生产经营费用的各项支出,企业均不能擅自列入。例如,企业购建固定资产、无形资产以及进行对外投资,这些活动都不是企业日常生产经营管理活动,其支出都属于资本性支出,应记入相应的长期资产账户中,而不应计入生产经营费用;企业发生的医疗卫生支出、集体福利支出等,应由从企业成本费用中提取的职工福利费开支,不能再计入生产经营费用;企业因各种原因支付的滞纳金、罚款、违约金、赔偿金,各种捐赠、赞助支出等,与企业正常生产经营活动无关,应当列入企业的营业外支出。

(2)正确划分产品生产费用与期间费用的界限。产品生产费用是指企业一定时期内为生产产品和提供劳务而发生的各种耗费,包括直接材料、直接人工、制造费用等成本项目,它们共同构成产品成本。产品成本要在产品销售后作为产品销售成本计入企业的损益,当期生产的产品不一定在当期全部售出,因此当期发生的生产费用往往不等于计入当期损益的产品销售成本。而作为企业期间费用的管理费用、销售费用和财务费用,当期发生的都直接计入当期损益。所以,如果将两者混淆,将某些产品生产费用计入期间费用,或将某些期间费用计入产品生产费用,都会影响当期产品成本和损益的计算。鉴于此,为了正确计算产品成本和期间费用,以及正确计算企业各期损益,就必须正确划分产品生产费用和期间费用的界限。

(3)正确划分各期费用界限。按照权责发生制原则,凡是本期已经发生的费用,不论其款项是否已经支付,都应当作为本期费用入账;凡是不属于本期的费用,即使款项已经在本期支付,也不应当作为本期的费用处理。正确划分各期费用界限,是正确计算各期产品成本和各期损益的需要。

企业对于本期已经支出,应由本期和以后各期分担的费用,应当根据其分摊时间的长短,作为待摊费用或长期待摊费用处理;企业应由本期分担而尚未支付的费用,应当作为预提费用计入本期有关费用。为了简化核算工作,对于数额较小的应当跨期摊销的和预提的费用,也可以将其全部计入支付当期的成本费用中。但企业必须防止利用待摊和预提的方法人为调节各期产品成本和期间费用的做法。

(4)正确划分各种产品的费用界限。为了正确计算各种产品成本,还必须将可以计入本期产品的各项费用在各种产品之间进行划分,从而计算出各种产品的成本。属于哪一种产品负担的费用,就应计入哪一种产品的成本;对于不能直接计入各种产品的费用,应在有关产品之间进行分配。分配时,应按照受益原则,并注意选用合理的分配标准。而且,应当防止在盈利产品与亏损产品之间、可比产品与不可比产品之间任意转移生产费用,借以盈补亏来掩盖成本超支。

(5)正确划分完工产品和期末在产品的费用界限。为了分期确定损益,企业需要分期计算各种产品的成本。期末,企业当期投产的各种产品会以三种状况存在,即全部完工、全未完工或部分完工。对于第一种情况,企业应将本期发生的产品生产费用全部计入完工产品成本;对于第二种情况,企业应将本期发生的产品生产费用全部计入在产品成本;对于第三种情况,则需将本期发生的产品生产费用在完工产品和期末在产品之间进行分配。也就是说,为了正确计算完工产品的总成本和单位成本,必须正确划分完工产品和期末在产品的费用界限。

企业应当采用适当的方法,将归集到某种产品中的各项生产费用在其完工产品和月末在产品之间进行分配。不得随意压低或提高完工产品或在产品的成本,保证成本计算的真实性。而且,为了保证准确地将生产费用在完工产品和月末在产品之间进行分配,使各期的成本指标具有可比性,分配方法一经确定不得随意改变。

2. 做好成本核算的各项基础工作

在进行成本核算时,为了正确计算产品成本和各期损益,各项基础工作是非常重要的。要做好成本核算的基础工作,需要财务部门和其他各部门的密切配合。一般来说,成本核算的基础工作包括建立和健全成本核算的原始记录,建立和健全材料物资的计量、收发、领退制度,制定和修订内部结算价格等。例如,企业需要建立各种原始记录的收集整理制度,组织有关职工认真做好各种原始凭证的登记、传递、审核和保管工作;对材料物资的收发领退和结存进行计量,凡是材料物资的收发领退,在产品、半成品的内部转移,以及产成品的入库等均应填制相应的凭证,并履行一定的审批手续,严格进行计量、验收或交接,防止任意领发和转移;对于各项原材料的耗用、半成品的转移,以及各车间、部门之间相互提供劳务等,都应制定企业内部结算价格,作为企业内部结算和考核的依据,并根据情况的变化及时进行修订。

3. 选择适当的产品成本计算方法

在进行成本核算时,不同的企业必须根据本企业的生产类型和管理的要求等具体情况,选择适合于本企业特点的产品成本计算方法进行成本计算。而对于同一个企业,可以根据其具体情况,采用一种产品成本计算方法或多种产品成本计算方法。而且,产品成本计算方法一经确定就不得随意变动。

(三)生产经营费用的分类

【任务 1-2-1】 生产经营费用的分类

1. 学生苏林在参加会计考试时遇到如下题目(多选):

专设成本项目的生产费用( )。

A. 是直接生产费用　　　　　　　　B. 可能是直接计入费用

C. 是间接生产费用　　　　　　　　D. 可能是间接计入费用

该学生的答案是 AB 。

2. 学生王虹在成本会计课上做老师布置的习题中有四道相近的题目(均为不定项选择)。题目和王虹的答案如下:

（1）下列各项中，属于直接生产费用的有（　C　）。

A. 几种产品共同负担的机器设备折旧费　　　B. 车间厂房的折旧费

C. 原材料费用　　　D. 车间的机物料消耗

（2）下列各项中，属于间接生产费用的有（ABCD）。

A. 车间厂房的折旧费　　　B. 车间管理人员的工资和折旧费

C. 几种产品共同消耗的动力费用　　　D. 车间辅助人员的工资和福利费

（3）下列各项中，属于直接计入费用的有（　AC）。

A. 几种产品共同消耗的原材料费用　　　B. 几种产品共同负担的生产工人工资

C. 一种产品消耗的辅助材料费用　　　D. 一种产品负担的制造费用

（4）下列各项中，属于间接计入费用的有（　ACD　）。

A. 联产品消耗的原材料费用　　　B. 一种产品消耗的辅助材料费用

C. 几种产品共同负担的生产工人工资　　　D. 一种产品负担的制造费用

要求：请根据上述资料先判断对错，然后分析产生差错的原因。

工业企业在生产经营过程中发生的耗费是多种多样的，为了正确进行成本核算，满足成本管理的要求，应对工业企业的生产经营费用进行科学、合理的分类。

1. 按经济内容分类

按经济内容不同，生产经营费用可以分为外购材料、外购燃料、外购动力、人工费用、折旧费用、利息费用、税金和其他支出等几类，这些费用统称要素费用。

（1）外购材料。外购材料是指企业为进行生产而耗用的从外部购入的原料及主要材料、半成品、辅助材料、包装物、修理用备件和低值易耗品等。

（2）外购燃料。外购燃料是指企业为进行生产而耗用的从外部购入的各种燃料，包括固体、液体、气体燃料。从理论上说，外购燃料应该包括在外购材料中，但由于燃料是重要能源，需要单独考核，单独列为一项要素进行核算。

（3）外购动力。外购动力是指企业为进行生产而耗用的一切从外单位购入的各种动力，如供电局提供的电力、热力等。

（4）人工费用。人工费用是指企业所有应计入制造成本和期间费用的工人和职员的薪酬。

（5）折旧费用。折旧费用是指企业按照规定方法计提的固定资产折旧费用，出租固定资产的折旧费用不包括在内。

（6）利息费用。利息费用是指企业按规定应计入经营管理费用的银行借款利息费用减去利息收入后的净额。

（7）税金。税金是指企业应缴纳并应计入管理费用的各种税金，包括房产税、车船税、印花税、土地使用税等。

（8）其他支出。其他支出是指不属于以上各要素的费用支出，如邮电费、差旅费、租赁费、外部加工费等。

按照上述费用要素反映的费用，称为要素费用。按照费用要素分类核算工业企业的费用，可以反映工业企业在一定时期内总共发生了哪些费用，数额是多少，有利于分析和考核各个时期生产费用的结构和支出水平，为企业编制材料采购资金计划提供资料。但是，工业企业费用的这种分类不能反映各种费用的经济用途，不便于分析这些费用的支出是否节约、合理。对于工业企业的这些费用还必须按其经济用途进行分类。

2. 按经济用途分类

工业企业的生产经营费用按经济用途不同分为计入产品成本的生产费用和不计入产品成本的期间费用。这种分类的目的是划清产品成本与期间费用的界限。

(1) 生产费用。生产费用是指企业在一定期间为生产产品所发生的各种生产耗费。计入产品成本的生产费用在生产过程中的用途各不相同。有的直接用于产品生产,有的间接用于产品生产。为了具体地反映计入产品生产成本的生产费用的各种用途,还应进一步划分为若干个项目,即产品生产成本项目,简称成本项目。

根据生产特点和管理要求,我国工业企业一般设立以下四个成本项目:①直接材料,是指直接用于产品生产、构成产品实体的原料及主要材料、外购半成品、有助于产品形成的辅助材料及其他直接材料。②燃料及动力,是指直接用于产品生产的外购和自制的燃料和动力。③直接人工,是指参加产品生产工人的职工薪酬。④制造费用,是指直接用于产品生产,但不便于直接计入产品成本,因而没有专设成本项目的费用(如机器设备折旧费用),以及间接用于产品生产的各项生产费用(如机物料消耗、车间厂房折旧费用等)。

(2) 期间费用。期间费用是产品在销售和管理过程中发生的各项费用,是与企业的销售、经营和管理活动相关的费用,主要包括销售费用、管理费用和财务费用。①销售费用,是指企业在销售商品和材料、提供劳务等日常经营过程中发生的费用,以及为销售本企业商品而专设的销售机构的各项费用,如营销成本、配送成本和客户服务成本等。②管理费用,是指企业行政管理部门为组织和管理生产经营活动而发生的各项费用,如行政管理成本、研究与开发成本和设计成本等。③财务费用,是指企业为筹集生产经营资金发生的各项费用,如企业生产经营期间发生的利息净支出、汇兑损益、金融机构手续费等。

3. 生产费用的其他分类

(1) 按与工艺过程的关系分类。生产费用按与工艺过程的关系可分为直接费用和间接费用。①直接费用,是指其发生与产品的生产工艺过程直接相关的生产费用,如产品生产过程中直接耗用的原材料、生产工人的工资和机器设备的折旧费用等。②间接费用,是指其发生与产品的生产工艺过程没有直接关系的生产费用,如机物料消耗、车间辅助工人工资和车间厂房的折旧费用等。为简化核算,通常的核算原则是,对生产间接费用(通常称为制造费用)先计入成本中心,月末再将各生产性成本中心的生产间接费用设法分摊计入各个成本计算对象。

(2) 按计入产品成本的方法分类。生产费用按计入产品成本的方法可分为直接计入费用和间接计入费用。①直接计入费用,是指为生产某种产品而发生的费用,可根据费用发生的原始凭证直接计入该种产品的成本中。②间接计入费用,是指几种产品共同发生的费用,不能根据费用发生的原始凭证直接计入各种产品成本,需要采用适当的方法在各种产品之间进行分配之后,再计入各种产品成本中,如两种产品共同领用的原材料、对两种产品共同加工发生的计时工资等。

？思考

(1) 直接费用和直接计入费用是什么关系?

(2) 间接费用和间接计入费用是什么关系?

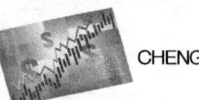

温馨提示

间接计入费用的分配方法

对间接计入费用的分配应当采用适当的方法,即分配所依据的标准与所分配的费用应有密切的联系,而且分配标准的资料比较容易取得,从而使分配的结果比较合理、计算比较简便。

常见的分配间接计入费用的标准主要有:

(1) 成果类,如产品的重量、体积、产量、产值等。

(2) 消耗类,如人工工时、机器工时、生产工人工资、原材料消耗量等。

(3) 定额类,如定额消耗量、定额费用等。

分配间接计入费用的计算公式可概括为:

$$费用分配率 = \frac{待分配费用总额}{分配标准总额}$$

某分配对象应负担的费用＝该对象的分配标准额×费用分配率

(四) 工业企业成本核算的基本步骤

成本计算过程就是将生产经营过程中的耗费归集到某一成本计算对象上,计算其总成本和单位成本的过程。企业应根据本企业生产经营的特点和企业成本管理要求选择成本计算对象和成本计算方法。

无论企业选用何种成本计算方法,就工业企业的产品成本而言,成本计算的一般步骤如下:

(1) 确定成本计算对象。成本计算对象是生产费用归属的对象,即通常所说的计算什么的成本。在财务成本会计核算系统中,成本计算对象的确定,体现为按成本计算对象设置产品成本明细账(或称成本计算单)。

(2) 收集成本信息。在财务会计核算系统中,为确定各种产品的生产成本,需要先收集成本信息,即归集为生产所耗费的材料成本、人工成本和生产间接费用,并进行相应的账务处理。

(3) 按成本计算对象归集生产直接费用(其中的直接计入费用直接计入各成本计算对象,间接计入费用选用核算的分配标准分配计入各成本计算对象)。鉴于生产过程中构成产品实体的直接材料、直接人工比较容易直接确认到某个成本计算对象上,对这类耗费的账务处理原则是在发生时直接计入所属的生产成本明细账。

(4) 按成本中心归集生产间接费用(归集制造费用)。对于产品生产过程中耗费的间接材料、间接人工,厂房、机器设备的折旧费用、车间办公费等耗费,不太容易直接归属到某成本计算对象上。在日常账务处理中,若对平时发生的每笔间接费用都通过计算、分配计入所属的生产成本明细账,势必使计算和账务处理非常繁琐。为简化账务处理,在会计核算中设置"制造费用"账户来归集生产过程中车间发生的间接费用。由于我们比较容易确认各项间接费用属于哪个生产单位(成本中心),因此,在日常账务处理中,对生产间接费用的处理原则是按成本中心设置制造费用明细账,对平日发生的制造费用直接计入所属的制造费用明细账。

(5) 各生产性成本中心的生产间接费用在各成本计算对象之间分配。为计算各成本计算对象的成本,月末,需要将所归集的各生产性成本中心的生产间接费用采用一定的分配标准在各成本计算对象之间分配,即将制造费用经分配计入所属的各生产成本明细账。

(6) 计算完工产品的总成本与单位成本。经过上述计算与账务处理过程,生产过程的一切耗费已计入按成本计算对象设置的生产成本明细账。由于会计是按期(一般按月度)进行成本核算,如果月末某种产品全部完工,该种产品明细账所归集的费用总额,就是该种完工产品的总成本;如果月末某种产品全部未完工,该种产品成本明细账所归集的费用总额,就是该种产品在产品的总成本;如果月末某种产品一部分完工另一部分未完工,这时,归集在产品成本明细账中的费用总额,需要采用适当的方法在完工产品和在产品之间进行分配,然后才能计算出完工产品的总成本和单位成本。

(五)成本核算账户设置

为了进行产品成本的总分类核算,应设立"生产成本"总账账户,用来核算企业进行工业性生产所发生的各项生产费用。为了分别核算基本生产成本和辅助生产成本,还应在该总账科目下,分别设立"基本生产成本"和"辅助生产成本"两个二级账户。为了减少二级账户,简化会计分录,一般将"生产成本"总账账户分解为"基本生产成本"和"辅助生产成本"两个总账账户。另外为了核算生产间接费用,还要设置"制造费用"总账账户。

1. "基本生产成本"总账账户及其明细账的设立

基本生产是指为完成企业主要生产目的而进行的产品生产。"基本生产成本"总账账户是为了归集进行基本生产所发生的各种生产费用和计算基本生产产品成本而设立的。基本生产所发生的各项费用,记入该账户的借方;完工入库的产品成本,记入该账户的贷方;该账户的余额就是基本生产的在产品的成本,也是基本生产在产品占用的资金。

该账户应按成本核算对象(如产品的品种、批别、生产步骤等)分设基本生产成本明细账,该账也称为产品成本明细账或产品成本计算单。账中应按成本项目分设专栏或专行,登记各种产品、各种成本项目的月初在产品成本、本月发生的生产费用、本月完工产品成本和月末在产品成本。其格式举例见表 1-1。

表 1-1　　　　　　　　　　　　　　基本生产成本明细账

产品:D　　　　　　　　　　　　　　　　　　　　　　　　　　　　　　　产量:350 件

月	日	摘　　要	成本项目			合计
			直接材料	直接人工	制造费用	
6	30	月初在产品成本	6 000	2 000	1 000	9 000
7	31	本月发生生产费用	58 000	14 000	9 000	81 000
7	31	生产费用合计	64 000	16 000	10 000	90 000
7	31	完工产品总成本	56 000	14 000	8 750	78 750
7	31	完工产品单位成本	160	40	25	225
7	31	月末在产品成本	8 000	2 000	1 250	11 250

基本生产成本明细账虽然没有标明借方、贷方和余额,但其基本结构不外乎这三个部分。其中月初在产品成本为月初借方余额,系上月末所记;本月生产费用为本月借方余额,根据本月各种费用分配表登记;本月完工产品成本为贷方发生额,月末在产品费用为月末借方余额;后两项费用根据完工产品与月末在产品费用的分配方法登记。为了简化格式举例,上列基本生产成本明细账删去了登记生产耗费数量(如千克、工时数)的行次或栏次,对于本月生产费用也没有根据有关凭证(如材料费用分配表、燃料及动力分配表等)分行登记。上列格式是按成本项目分设专栏的格式,采用这种格式,各月成本计算工作可以在账中连续进行,不必逐月转抄在产品费用。

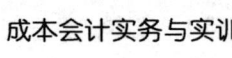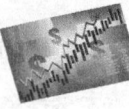

2."辅助生产成本"总账账户及其明细账的设立

辅助生产是指为基本生产服务而进行的产品生产和劳务供应,如工具、模具等产品的生产和运输等劳务的供应。辅助生产提供的产品和劳务,有时也对外销售,但这不是它的主要目的。辅助生产所发生的各项费用,记入"辅助生产成本"总账账户的借方;完工入库产品的成本或分配转出的劳务费用,记入该账户的贷方;该账户的余额就是辅助生产在产品的成本,也是辅助生产在产品占用的资金。该账户应按辅助生产车间和生产的产品、劳务分设辅助生产成本明细账,账中按辅助生产的成本项目分设专栏或专行进行登记。

3."制造费用"账户设立

为了归集和分配企业为生产产品和提供劳务而发生的各项间接费用,应该设置"制造费用"总账账户,包括工资及福利费、折旧费、修理费、办公费、水电费、机物料消耗、劳动保护费、季节性修理期间的停工损失等和其他不能直接计入产品生产成本的费用。该账户借方登记月份内发生的各种制造费用;贷方登记分配结转应由各种产品负担的制造费用;该账户月末,一般无余额。为了考核不同车间(分厂)的经费开支情况,以及不同产品的制造费用分配标准和数额,该账户一般应按不同车间、部门和费用项目设置明细分类账。

4.其他账户的设立

为了归集和结转销售费用、管理费用和财务费用,应该分别设立"销售费用"、"管理费用"和"财务费用"等总账账户;企业如果单独核算废品损失和停工损失,还可以增设"废品损失"和"停工损失"两个总账账户。

项目 2

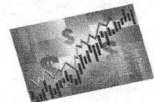

运用品种法计算产品成本

能力目标

1. 能根据企业产品生产特点和管理要求为产品设置成本项目,选择合理的成本核算方法。

2. 能根据不同材料计价方法计算发出材料成本,能分析具体的领退料凭证,并据之合理编制材料耗用汇总表,能选择合理的分配标准编制材料费用分配表,能汇总编制材料费用分配汇总表,编制相应的记账凭证,登记相关总账和明细账。

3. 能根据生产工人的工时、产量和职工的具体工资项目编制各项职工薪酬分类汇总表,能选择合理的分配标准编制人工费用分配表,能汇总编制人工费用分配汇总表,会编制相应的记账凭证,登记相关总账和明细账。

4. 能根据相关外购动力费用资料,选择合理的分配标准编制动力费用分配表,能汇总编制动力费用分配汇总表,编制相应的记账凭证,登记相关总账和明细账。

5. 其他间接费用(如折旧费用、办公费、保险费等)发生时能根据各种原始凭证合理分类汇总编制相应的记账凭证,登记相关总账和明细账。

6. 能从辅助生产成本明细账中取数,并能选择合适的方法将其分配给各受益对象,编制相应的记账凭证,登记相关总账和明细账。

7. 能从制造费用明细账中取数,并能选择合适的方法将其分配给各受益对象,编制相应的记账凭证,登记相关总账和明细账。

8. 能计算可修复废品和不可修复废品引起的生产损失。

9. 能选择合理的方法分配计算当月的产成品和在产品成本。

10. 能运用品种法根据上述程序独立计算出各种产成品的总成本和单位成本。

知识目标

1. 掌握常用的成本核算基本方法,了解成本核算辅助方法。
2. 掌握品种法的成本核算程序。
3. 掌握要素费用(如材料费用、外购动力费用、人工费用、其他费用等)的归集与分配方法。
4. 了解辅助生产费用的归集与分配方法。
5. 掌握制造费用的归集与分配方法。
6. 掌握月末在产品与产成品分配的方法。

素质目标

1. 了解会计法规中对会计职业道德的要求和约束,诚实守信、遵纪守法。
2. 培养学生不断学习,保持知识持续更新的优良习惯。
3. 积极启发学生主动地思考问题,培养学生分析问题和解决问题的能力。
4. 初步培养学生耐心、细心、严谨的工作态度。
5. 培养学生团队沟通和协作的态度。

任务 2.1 选择成本核算方法

一、任务布置

【任务 2-1】 成本核算方法的选择

九香食品厂设有糕点、饼干、糖果三个车间和厂部管理部门。糕点车间生产炉制糕点和油炸糖制糕点;饼干车间生产散装饼干和盒装饼干;糖果车间生产硬糖和软糖。

该厂生产工艺过程比较简单,例如,饼干的生产过程为:打面→专车压切→炉烤→码堆→包装。打面就是把原材料配好后,装入机器中搅拌;打好的面再送进专车压切,使之成为各种形状的饼干;切好后一盘盘地送到炉中去烘烤;烤熟后再码成小堆;最后包装以便出售。糕点、糖果的生产工艺过程也很简单,这些产品的生产周期均很短,且月终一般没有在产品。

请帮九香食品厂分析如下问题:

(1) 如何确定企业的成本核算对象?

(2) 应该使用什么方法计算糕点、饼干、糖果的成本?

二、知识链接

(一) 成本核算对象

【任务 2-1-1】 成本核算对象的判断

判断下列各单位的成本核算对象:

（1）给各需求单位提供管理咨询业务的管理咨询公司。

（2）生产保温杯的厂家。

（3）生产电缆和光缆的厂家。

（4）饲养肉食鸡的农场。

（5）给企业员工提供培训服务的公司。

产品成本的计算主要表现为将生产费用按照一定的计算对象（即成本计算对象）进行归集，计算出成本计算对象的总成本和单位成本的过程。具体产品成本计算的主要步骤包括：首先要确定产品成本计算的对象；其次在各个成本计算对象之间分配和归集费用；再次在一个成本计算对象的完工产品和月末在产品之间分配和归集费用；最后分别计算出各个成本核算对象的完工产品的总成本和单位成本。

因此，要将产品的生产成本计算出来，要先确定产品成本的计算对象。成本计算对象，简单来说，就是计算什么的成本，确定成本计算对象就是为了解决生产费用由什么来承担的问题。成本计算对象决定着产品成本计算单的开设，是计算产品成本的前提。

在不同的企业里，产品生产类型和成本管理的要求不同，成本计算的对象也不一样，而产品成本计算的具体方法是根据成本计算对象来命名的。产品成本计算方法必须与产品的生产特点和管理要求相适应，因此，为了确定成本计算的对象，应先了解企业的生产类型。

（二）工业企业生产类型

【任务 2-1-2】　判断工业企业生产类型

开普公司主要根据国外出口订单生产保温杯，其主要生产工艺流程如下。

1. 保温杯外壳加工流程

外管领料→割管→水胀→分段→胀形→滚中角→缩底→割底→冲筋→平上口→冲底→平底口→清洗烘干→检验敲坑→合格外壳。

2. 内壳加工流程

内管领料→割管→平管→胀形→滚上角→平上口→平底口→滚螺纹→清洗烘干→检验敲坑→对焊→试水检漏→烘干→合格内胆。

3. 外壳和内壳装配流程

配杯口→焊口→压中底→焊底→检焊口焊底→中底点焊吸气剂→抽真空→测温→电解→抛光→测温→检验抛光→压外底→喷漆→抽检测温→检验喷漆→丝印→包装→成品入库。

请分析该公司的保温杯生产属于哪种生产类型？

工业企业的生产类型，根据不同的标准有不同的分类方法。

1. 按照生产组织方式划分

工业企业的生产，按照生产组织方式划分，可以分为大量生产、成批生产和单件生产三种类型。

（1）大量生产。大量生产是指连续不断地重复生产一种或若干种产品。这种企业生产的产品一般品种较少，数量较大，而且比较稳定，生产具有不断重复性，管理上只能按照产品的品种计算产品成本，如面粉、食糖、自来水、化肥等的生产。

（2）成批生产。成批生产是指按照预先规定的产品规格和数量，每隔一定时期生产一种或若干种产品的生产。这种类型的生产，一般品种较多，但每种产品数量不等且一段时

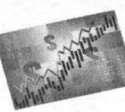

间内不断重复生产一种或几种产品,专业化程度较高,管理上按批组织生产。成批生产按照批量的大小,又可以分为大批生产和小批生产。大批生产由于产品批量大,往往几个月内不断重复生产一种或若干种产品,因而往往也同大量生产一样,只要求按照产品品种计算成本,类似于大量生产,如服装、木器制造、制鞋等的生产。小批生产由于其生产的产品批量小,一批产品一般可以同时完工,类似于单件生产,有可能按照产品的批别归集费用,计算各批产品的成本。

(3)单件生产。单件生产是指对个别的、特殊的产品按照购买单位订单的要求进行的生产。由于这种类型的产品生产针对性质特殊的产品,所以产品的品种虽多,但生产一件或几件后不再重复生产,管理上按照产品件别计算成本,如重型机械和船舶的制造等工业的生产。

2. 按照生产工艺过程划分

工业企业的生产,按照生产工艺过程划分,可以分为单步骤生产和多步骤生产。

(1)单步骤生产。单步骤生产也叫简单生产,其生产工艺过程不间断,不可能或不需要划分几个生产步骤的生产,属于生产一步完成,技术上的不可间断或生产地点不便分散进行,通常只能由一个企业整体进行,不可能或者不需要按照生产的步骤计算产品成本,而只要求按照产品的品种或批别计算成本,如发电、采掘、玻璃制品的熔制等企业的生产。

(2)多步骤生产。多步骤生产也叫复杂生产,是指工艺过程由若干个可以间断的、分散在不同地点进行的生产步骤所组成的生产。该类生产可以由一个企业的各个生产单位进行,也可以由几个企业协作进行,如纺织、钢铁、机械和服装等企业的生产。

多步骤生产按照产品加工方式的不同,又分为连续式多步骤生产和装配式多步骤生产。连续式多步骤生产是指企业投入的原材料要经过前后各步骤连续加工,最后加工成产成品的生产,如纺织、钢铁等企业的生产。装配式多步骤生产是指先将投入的原材料分别平行加工成各种零、部件,再将各零、部件组装成产成品的生产,如汽车、仪表等企业的生产。为了计算各个生产步骤的成本,加强各个步骤的生产管理,往往不仅要求按照产品的品种或批别计算成本,而且还要求按照生产的步骤计算成本。但是如果企业的规模较小,管理上又不要求按照生产的步骤考核生产耗费、计算产品成本,也可以不按照生产的步骤计算成本,而只按照产品的品种或批别计算成本,如水泥厂、砖厂等。

(三)生产特点和管理要求对产品成本计算方法的影响

1. 确定产品成本计算方法的原则

国家统一的会计制度规定:企业应当根据经营特点和管理要求,确定适合本企业的成本核算对象,成本项目和成本计算方法。成本核算对象、成本项目和成本计算方法一经确定,不得随意变更,如需变更,应当根据管理权限,经股东大会或董事会,或经理(厂长)会议或类似机构批准,并在会计报表附注中予以说明。

产品成本是由产品生产过程中企业各个生产单位(车间、分厂)所发生的生产费用形成的。众所周知,成本核算是成本会计的一个重要组成部分,而成本会计的本质是一种管理活动,所以,成本核算必须满足企业管理方面的要求。因此,企业选择成本计算方法的原则是:遵守国家统一制度的规定,充分考虑本企业的生产经营特点和管理要求,并结合企业的具体情况,选择适合本企业的成本计算方法。

2. 生产特点和管理要求对成本计算方法的影响

企业的生产特点和管理要求不同,对成本计算方法从不同方面都产生了影响。主要表现在以下三个方面：

（1）对成本计算对象的影响。成本计算对象既要适应企业生产特点的需要，同时也要满足企业的管理要求。一般有：产品的品种、产品的订单或批别、产品的生产步骤。从生产组织方式角度，大量生产和成批生产一般要求按照产品的品种或批次作为成本核算对象。从工艺特点角度，单步骤生产一般以产品品种作为成本计算对象，多步骤生产以产品的品种及各生产步骤为成本核算对象。

（2）对成本计算期的影响。成本计算期是每次计算产成品成本的期间。企业的生产特点和管理要求不同，成本计算期也不同。大量、成批生产时，每月有产成品以供销售，要求定期按月计算产品成本，小批、单件生产因为数量少，加工程度基本一致，一般等全部完工时计算产品成本，即以产品的生产周期为成本计算期。

（3）对完工产品和期末在产品之间费用分配的影响。在大量大批的生产型企业里，月末一般有在产品，每种产品月初在产品成本和本月发生的生产费用之和在月末完工产品和月末在产品之间分配；单件小批的生产型企业里，由于生产数量较少，加工程度比较一致，月末要么都未完工，要么都已完工，一般不需要在产成品和在产品之间分配费用。

（四）产品成本计算的基本方法和辅助方法

【任务 2-1-3】 仍接［任务 2-1-2］，判断开普公司的保温杯应选择什么方法如何进行成本核算？

1. 成本计算的基本方法

为了适应各种类型的生产特点和管理要求，产品成本存在着不同的计算方法。它们的区别主要表现在产品成本计算对象的确定、成本计算期的确定和生产费用在完工产品与月末在产品之间的分配三个方面，其中最主要的区别在于成本计算对象的不同。产品成本计算工作中有着三种不同的产品成本计算对象：产品的品种、产品的批别和产品的生产步骤，因此形成三种基本的产品成本计算方法：品种法、分批法和分步法。

（1）品种法。品种法是指以产品品种为成本计算对象，归集和分配生产费用，计算出各种产品的实际总成本和单位成本。这种产品成本计算方法适用于大量大批单步骤生产企业，或者大量大批多步骤生产企业，但管理上不要求分步计算成本的企业。

大批、大量的单步骤生产企业，如采煤、化工等大量、重复生产一种或很少几种产品的企业；大批、大量的多步骤生产，自制半成品不出售，而且管理上也不要求分步骤计算产品成本的企业，如糖果、饼干、小型水泥厂、造纸厂和砖瓦厂等；为基本生产车间提供工具、模具及劳务的一些辅助生产车间，如供水、供电、模具等辅助生产车间。

采用品种法计算产品成本具有以下特点：①以产品品种为成本核算对象。②成本计算定期按月进行，大量、大批生产，不可能等产品全部完工后才计算其实际成本，因此一般定期按月计算产品成本。③大量、大批生产往往月末有在产品，需要在完工产品和月末在产品之间分配生产费用。

（2）分批法。分批法又叫订单法，是指按照产品的批别或订单来归集生产费用，计算产品成本的一种方法。分批法主要适用于单件、小批的生产型企业，具体包括：①根据购买者订单生产的企业。②产品种类经常变动的小规模制造厂。③提供业务的工厂。④新产品试制车间。

采用分批法计算产品成本具备以下特点：①以产品批别作为成本核算对象，分批法计算产

品成本,成本核算对象是购买者的订单,因此,分批法也叫订单法。②成本计算期与生产周期一致,在分批法下,由于成本核算对象是批别,要等到该批订单产品全部完工后才能计算其实际总成本和单位成本,所以成本计算期与生产周期一致,与会计报告期不一致。③一般不需要在完工产品和在产品之间分配生产费用。因为分批法计算产品成本要等到该批订单全部完工后才能进行,因此,一般无期末在产品,也无需在完工产品和在产品之间分配生产费用。

(3)分步法。分步法是指以产品的品种及其所生产步骤作为成本核算对象,进行归集生产费用,计算产品成本的方法。分步法主要适用于大量、大批多步骤生产,成本管理要求分步计算的企业,如纺织、冶金等企业。

分步法计算产品成本的特点是:①以产品品种及其生产步骤为成本核算对象。②成本计算定期按月进行,与生产周期不一致。③一般需要在完工产品和在产品之间分配生产费用。

温馨提示

企业无论采用何种成本计算方法,最后都要按产品品种计算出各种产品的实际总成本和单位成本,因此,品种法是最基本的方法。

2. 产品成本计算的辅助方法

在实际工作中,除以上三种基本方法外,还有其他一些辅助方法。

(1)分类法。分类法是指以产品类别为成本核算对象,归集分配生产费用,计算出各类产品的实际总成本,再在类内各产品之间进行成本分配,最终计算出各种产品的实际成本的方法。这种方法适用于产品品种、规格繁多,并且可以按照一定要求和标准将产品划分为类别的企业或企业的生产单位。分类法以产品类别作为成本核算对象,计算各类产品成本并且需要采用一定的方法在类内产品之间进行成本分配,从而计算类内各种产品成本。

(2)定额法。定额法是指以产品定额成本为基础,加上或减去脱离定额的差异、材料成本差异、定额变动差异,计算产品实际成本的方法。这种成本计算方法适用于定额管理制度比较健全的各类企业。定额法与产品的生产类型没有直接联系,不能单独应用,必须与品种法、分批法、分步法中的一种或几种同时应用。

3. 各种成本计算方法的实际应用

在以上各种成本计算的基本方法和辅助方法中,并不是一个企业或一个生产单位只能采用一种成本计算方法,在实际工作中,往往将几种成本计算方法同时应用或结合应用。

(1)几种成本计算方法的同时应用。在实际工作中,有可能一个企业的各个车间或一个车间的各种产品,其生产特点和管理要求都不同,因此,一个企业的各个车间或一个车间的各种产品可能同时采用几种成本计算方法。例如,服装加工企业的服装加工等基本生产车间,属于多步骤大量生产,应采用分步法计算产品成本;而企业内供水、供电等辅助生产车间,属于单步骤大量生产,应采用品种法计算成本。

(2)几种成本计算方法的结合使用。在计算一种产品成本时,若各生产步骤的生产特点和管理要求不同,就有可能将几种成本计算方法结合起来应用,且成本计算的辅助方法一般与基本方法结合起来应用。例如,小批单件生产的机械厂、铸工车间采用品种法计算铸件的成本,加工装配车间采用分批法计算各批产品的成本。

（五）品种法的成本核算程序

按照产品的品种计算成本，是成本管理对各种成本计算方法最一般的要求，因此成本核算的一般程序也就是品种法的成本核算程序：对企业的各项费用和支出进行审核和控制→将产品生产费用和期间费用归属于恰当的期间→将产品生产费用在各种产品之间进行归集和分配→将产品生产费用在完工产品和期末在产品之间进行分配。将上述一般程序用会计语言表达可表现为以下七个步骤。

1. 按照产品品种开设产品成本计算单或生产成本明细账

应在"生产成本"总账账户下设置"基本生产成本"和"辅助生产成本"两个二级账户，同时，按照确定的成本计算对象（产品品种）设置产品成本计算单（或生产成本明细账），并按成本项目设专栏；在"制造费用"总分类账户下，按生产单位（车间、分厂）设置制造费用明细账，并按费用项目开设专栏。

温馨提示

实践中，也可将"辅助生产成本"设为总账账户，此时，"生产成本"总账账户下只核算基本生产成本的内容；或将"基本生产成本"和"辅助生产成本"均设为总账账户。

2. 编制各要素费用分配表

各生产单位应根据所耗费的材料费用、外购动力费用、人工费用、折旧费用等各项费用发生的原始凭证和其他有关资料，按照部门和用途分别编制分配表或分配汇总表，如材料费用分配汇总表、外购动力费用分配汇总表、人工费用分配汇总表、企业折旧计算表等。

3. 编制记账凭证并登记相关的明细账

根据各要素费用分配表或分配汇总表及其他相关资料，编制相应的记账凭证（会计分录），并按照记账凭证及相关资料登记成本计算单（或生产成本明细账）、辅助生产成本明细账、制造费用明细账、管理费用明细账等。

4. 分配辅助生产费用

月末，根据辅助生产成本明细账所归集的本月发生的全部费用，编制辅助生产费用分配表，采用适当的分配方法，在各受益对象间进行费用分配，并登记相关明细账。

特别提醒

辅助生产车间发生的制造费用，如果通过制造费用明细账归集，应在分配辅助生产费用前分别转入各辅助生产成本明细账。

5. 分配基本生产车间制造费用

月末，根据制造费用明细账所归集的本月全部费用，编制制造费用分配表，在各种产品间进行分配，并据以登记产品成本计算单（或生产成本明细账）。

6. 结转废品损失

如果企业生产过程中产生了废品，还需将废品净损失，从废品损失明细账转入成本计算单（或生产成本明细账）。

7. 计算完工产品成本

月末，将产品成本计算单（或生产成本明细账）所归集的全部费用，采用适当的方法在完工产品和月末在产品之间分配，计算出本月完工产品总成本和单位成本，以及月末在产品成本。

品种法成本核算程序详见图 2-1。

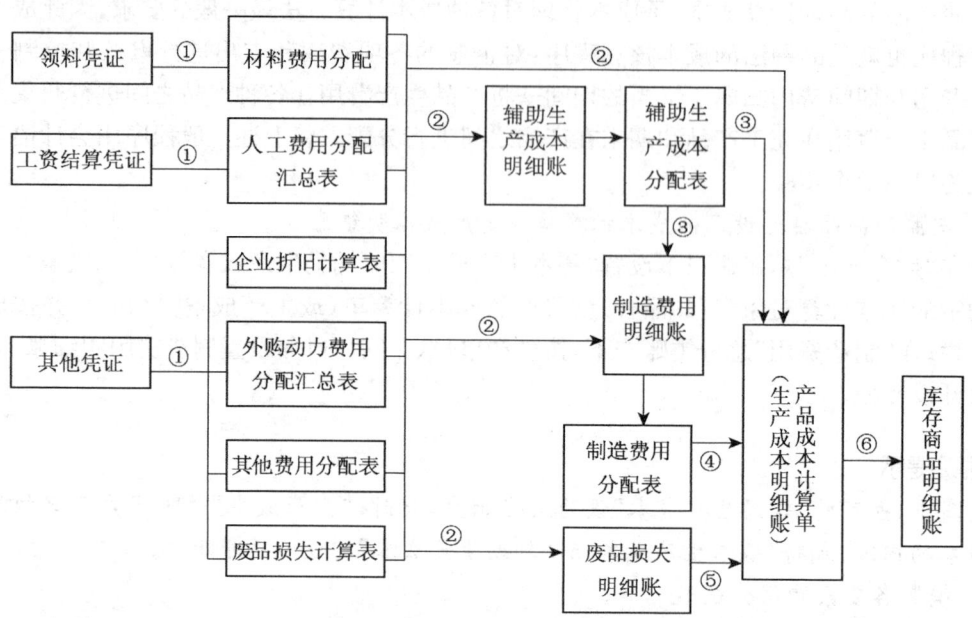

图 2-1　品种法成本核算程序

任务2.2　材料、燃料、动力费用的归集与分配

一、任务布置

【任务 2-2】　材料费用的归集分配

鸿远企业设有第一、第二两个基本生产车间,供电和锅炉两个辅助生产车间,生产甲、乙和丙三种产品,一车间生产甲产品和乙产品,二车间生产丙产品。管理上要求采用品种法计算产品成本。201×年9月,甲、乙、丙三种产品领用材料汇总见表2-1。

表 2-1

材料领用汇总表

201×年9月

单位:元

领用部门	材料种类	A	B	C	D	E
第一基本生产车间	甲产品	400 000		440 000		
	乙产品		200 000			
	一般耗用				23 000	
	甲废品	4 000				
第二基本生产车间	丙产品				100 000	200 000
	一般耗用				30 000	
	丙废品					6 000

（续表）

领用部门 ＼ 材料种类		A	B	C	D	E
辅助生产车间	供电车间				24 000	
	锅炉车间				20 000	
行政管理部门					34 000	

说明：①该企业按计划成本核算原材料，本月原材料成本差异率为－2%；②甲、乙产品共同耗用的材料按定额耗用量比例分配。甲产品本月投产 2 240 件，单位产品 C 材料消耗定额为 100 千克，乙产品本月投产 880 件，单位产品 C 材料消耗定额为 200 千克。

要求：试完成以下问题：

（1）分配计算甲、乙产品共同耗用的 C 材料的成本。

（2）编制鸿远企业 9 月的材料费用分配汇总表并做相应账务处理。

二、知识链接

在企业的生产经营过程中，要大量消耗各种材料、燃料和动力等，这些消耗虽然在生产过程中所起的作用各不相同，但其价值转移方式是相同的。材料、燃料和动力经过生产过程的消耗，会改变原有实物形态，其价值就一次或分次转移到新生产的产品或期间费用中，转化成新产品的成本或各期的期间费用。而要反映上述过程，必须对发生的材料、燃料和动力费用进行恰当的归集和分配，并进行相应的账务处理。

材料包括经过加工后构成产品主要实体的各种原料及主要材料；在生产中只起一定辅助作用的辅助材料；为修理本企业机器设备和运输工具所专用的各种备品、配件，以及为包装本企业产品，随同产品一起出售或者在销售产品时出租、出借给购货单位使用的各种包装物等。

外购燃料是指企业从外单位购入的用于燃烧发热以取得热能的各种材料，包括固体、液体和气体，有时可以并入材料。

外购动力是指企业从外单位购入的电力、蒸汽等动力；自制动力是企业辅助生产车间提供的。自制动力应通过辅助生产成本核算。

（一）材料、燃料和动力费用的归集

材料、燃料费用的归集就是材料、燃料发出时，对可以直接计入各种产品成本的材料，根据领料单、限额领料单等原始凭证确定发出的各种材料的数量，并采用一定的计价方法确定其单价，最终计算出计入各种产品的材料、燃料的金额。

在一般情况下，企业使用动力的各个部门都装有仪器仪表进行计量，即动力费用可以根据仪器仪表记录的各部门耗用量进行分配；若各使用动力部门没有仪器仪表计量，则可根据实际情况选择机器工时等适用于自身特点的分配标准进行分配，从而计算出各个部门所耗用的外购动力费用。

温馨提示

企业发出各种材料时，采用的计价方法大体上可以分为两大类：实际成本计价法和计划成本计价法，实际成本计价法又包括先进先出法、月末一次加权平均法、移动加权平均法和个别计价法。

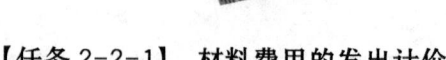

【任务 2-2-1】　材料费用的发出计价

晨明工艺品厂 201×年 4 月原材料白蜡的收入发出情况见表 2-2。

表 2-2　　　　　　　　　　　　　　　材料明细账

金额单位:元

材料名称:白蜡　　　　　　　　　　　201×年 4 月　　　　　　　　　　　　计量单位:千克

20×4年		凭证	摘要	收　入			发　出			结　存		
月	日			数量	单价	金额	数量	单价	金额	数量	单价	金额
4	1	(略)	月初结存							100	50	5 000
4	9		购入	200	52	10 400						
4	15		发出				200					
4	18		购入	400	51	20 400						
4	20		发出				300					
4	30		合计	600		30 800						

要求:请分别采用先进先出法、移动加权平均法和月末一次加权平均法计算当月发出白蜡成本和月末结存白蜡成本,并分别比较一下由于方法不同导致的差异并分析原因。

(二) 材料、燃料和动力费用的分配

通常材料按照产品品种分别领用,其费用属于直接计入生产费用,可以根据领退料凭证直接计入各种产品成本,即前述材料费用的归集过程;对于不能分产品领用的材料费用,即几种产品共同耗用的材料费用,则属于间接计入生产费用,应采用适当的分配方法在各种产品之间进行分配,然后计入相应的产品成本中。材料费用的分配就是指间接计入费用的分配。

一般生产车间不会按生产的产品品种分别安装仪器仪表,因此必须选择适当的分配标准将生产车间耗用的外购动力费用在各种产品之间进行分配。生产车间外购动力费用的分配一般以所生产产品的生产工时、动力费用定额耗用量等作为分配标准。

1. 材料、燃料和动力费用的分配标准

对材料、燃料和动力费用进行分配,先要解决的问题就是确定分配标准。对于一个企业来说,可选的分配标准很多,包括产品的重量、体积、产量、定额耗用量和定额成本等。每个企业都必须选择适当的分配标准。这里适当的分配标准是指作为分配标准的资料容易取得,而且分配标准应同各个成本计算对象负担的材料、燃料和动力费用呈正比例关系。例如,以产品重量作为分配材料费用的标准时,产品所耗用材料的多少应与产品重量有着直接联系;以产品生产工时作为分配动力费用的标准时,产品所耗用动力费用的多少应与产品生产工时有着直接联系。

😊 **温馨提示**

不同的企业应当根据其具体情况选择最适用的分配标准,一个企业对于不同种类的材料、燃料和动力费用也可以根据其自身特点选用不同的分配标准。

【任务 2-2-2】　材料费用分配标准的选择

201×年 7 月,小林从某财经大学会计专业毕业,应聘到某机械制造公司从事会计工作。第二年 9 月,该公司开始生产甲、乙、丙三种产品,耗用 A 材料。该公司以前采用按产品的产量比例对材料费用进行分配。本月,该公司共使用 A 材料 300 000 千克,每千克单价为 9 元。财务部张经理向小林介绍了企业生产产品使用的材料和产品的情况。

根据张经理提供的资料,小林按不同的方法进行了计算,结果见表 2-3。

表2-3　　　　　　　　　　　　甲、乙、丙三种产品材料费用的分配结果　　　　　　　　　　单位:元

产品名称	按产品产量分配	按产品重量分配	按材料定额消耗量比例分配
甲产品	300 000	300 000	216 000
乙产品	900 000	500 000	486 000
丙产品	1 500 000	1 900 000	1 998 000
合　　计	2 700 000	2 700 000	2 700 000

由此可见,对于同一种材料,采用不同的计算方法结果大不一样。经过调查,小林发现,甲、乙、丙三种产品消耗材料的成本与产品的重量有重要关系,产品越重,消耗的材料越多。

讨论:

(1) 按不同的分配标准分配材料费用,对各种产品的成本会产生什么影响?

(2) 该公司目前按产品产量比例分配材料费用是否合理?

(3) 假如你是小林,会对该公司提出什么建议?

2. 材料、燃料和动力费用的分配方法

无论选用哪种分配标准,其基本公式都可以表述为:

$$材料、燃料、动力费用分配率 = \frac{拟分配的材料、燃料、动力费用总额}{分配标准(如重量、原材料消耗定额、生产工时等)之和}$$

某产品应负担的材料、燃料动力费用＝该产品的分配标准×材料、燃料、动力费用分配率

😊 **温馨提示**

生产费用在多个成本计算对象之间分配时,注意最后一个成本核算对象的分配额使用倒挤的方法,以免出现尾差。

【例2-1】 A企业生产甲、乙两种产品,共同耗用一种原材料10 400千克,每千克单价为2.5元。甲、乙产品相关资料见表2-4。

要求:分别采用产品重量、体积、产量比例分配法,计算甲、乙两种产品各应负担的上述材料费用。

表2-4　　　　　　　　　　　　　　　产品相关资料表

产品名称	重量(千克)	体积(立方米)	产量(个)
甲产品	12 000	220	4 500
乙产品	14 000	300	8 500

计算结果见表2-5。

表2-5　　　　　　　　　　　　　　　材料费用分配表

材料分配方法	重量比例分配法	体积比例分配法	产量比例分配法
材料费用分配率	10 400×2.5÷(12 000 +14 000)＝1	10 400×2.5÷(220 +300)＝50	10 400×2.5÷(4 500 +8 500)＝2
甲产品应负担的材料费用(元)	12 000×1＝12 000	220×50＝11 000	4 500×2＝9 000
乙产品应负担的材料费用(元)	14 000×1＝14 000	300×50＝15 000	8 500×2＝17 000

【例 2-2】 B 企业生产甲、乙两种产品,共同耗用一种燃料 10 000 千克,每千克单价为 2.4 元。甲、乙产品相关资料见表 2-6。

要求:采用定额耗用量比例分配法计算甲、乙两种产品各应负担的燃料费用。

表 2-6 产品相关资料表

产品名称	单位产品燃料定额耗用量(千克)	产量(件)
甲产品	2.5	450
乙产品	1.5	850

计算结果见表 2-7。

表 2-7 材料费用分配表

产品 \ 项目	产量(件)	单位产品燃料消耗定额(千克)	燃料定额消耗总量	分配率(元/千克)	分配额(元)
甲产品	450	2.5	1125	—	11 250
乙产品	850	1.5	1275	—	12 750
合计	—	—	2 400	10	24 000

【例 2-3】 甲企业 201×年 5 月外购电力 28 000 度,每度单价为 1.02 元,共计 28 560 元。其他相关资料见表 2-8。

要求:计算各部门及 A、B 产品(以生产工时作为分配标准)所耗外购动力费用。

表 2-8 各部门耗电量明细表
201×年 5 月 31 日

部门	耗电量(度)	生产工时(小时)
基本生产车间生产产品	21 000	
A 产品		3 500
B 产品		2 500
基本生产车间照明	500	
机修车间	6 000	
运输车间	200	
行政管理部门	300	

计算过程详见表 2-9。

表 2-9 外购动力费用分配表
201×年 5 月 31 日

应借账户		成本项目	动力费用在产品之间分配		动力费用在部门之间分配	
			机器工时	分配金额(分配率:3.57)	用电度数	分配金额(分配率:1.02)
生产成本——基本生产成本	A 产品	燃料及动力	3 500	12 495		
	B 产品	燃料及动力	2 500	8 925		
	小计		6 000	21 420	21 000	21 420

（续表）

应借账户		成本项目	动力费用在产品之间分配		动力费用在部门之间分配	
			机器工时	分配金额 （分配率：3.57）	用电度数	分配金额 （分配率：1.02）
生产成本—— 辅助生产成本	机修车间	燃料及动力			6 000	6 120
	运输车间	燃料及动力			200	204
	小计				6 200	6 324
制造费用	基本生产车间	电费			500	510
管理费用		电费			300	306
合计					28 000	28 560

3. 材料、燃料、动力费用分配的账务处理

企业生产经营过程中领用材料（即材料出库）时，应填制相应的原始凭证，领用材料的原始凭证包括领料单、限额领料单和领料登记表等。办理上述手续将各种材料领到车间或部门后，若月末全部被消耗，则这些凭证登记数额的汇总就是材料消耗数量，材料数量乘以相应的单价就是材料费用；如果月末有剩余材料，应办理退料手续，领料数量减去退料数量就是本月的材料消耗量。

在生产经营过程中，企业应根据审核无误的领料凭证，编制材料费用分配表。材料费用分配表可先按各生产车间和部门分别编制，然后企业合并编制一张材料费用分配汇总表，并据以编制记账凭证。其中直接用于基本生产车间产品生产的材料费用，属于"直接材料"成本项目，应当直接记入或分配记入"生产成本——基本生产成本"账户；直接用于辅助生产的材料费用，属于"直接材料"成本项目，直接记入或分配记入"生产成本——辅助生产成本"账户；生产部门一般消耗的各项间接材料费用，记入"制造费用"账户；管理部门组织和管理生产经营活动而发生的各种材料费用，记入"管理费用"账户；产品销售过程中耗用的各种材料费用，记入"销售费用"账户；在建工程领用的材料、费用，记入"在建工程"账户。

外购动力费用的账务处理是根据外购动力费用分配表进行的。对于不同部门用作不同用途的动力费用，应当记入不同的账户。生产车间直接用于产品生产的外购动力费用，属于"燃料及动力"成本项目，应当记入"生产成本——基本生产成本"账户；辅助生产车间直接用于辅助生产的外购动力费用，属于"燃料及动力"成本项目，应当记入"生产成本——辅助生产成本"账户；基本生产车间和辅助生产车间间接用于产品生产或提供劳务（如照明用电费）的外购动力费用，应当记入"制造费用"账户；行政管理部门照明用和取暖等用的外购动力费用，应当记入"管理费用"账户。

😊 温馨提示

上述核算是将燃料、外购动力费用单独设置一个成本项目，即"燃料及动力"成本项目；但当燃料、动力费用在产品成本中的比重较小时，可以将其并入"直接材料"或"制造费用"成本项目。

【例2-4】 甲企业201×年5月末编制的材料费用分配汇总表见表2-10，假设该企业甲、乙产品共同耗用的材料费用为19 500元，采用定额耗用量比例分配法进行分配。

表 2-10   材料费用分配汇总表
                                            201×年 5 月 31 日

应借账户			共同耗用材料费用的分配					直接领用材料(元)	合计(元)
总账及二级账户	三级明细账户	成本项目	产量(件)	单位消耗定额(千克)	定额耗用量(千克)	分配率	应分配材料费用(元)		
生产成本——基本生产成本	甲产品	直接材料	500	1.2	600		12 000	50 000	62 000
	乙产品	直接材料	375	1.0	375		7 500	40 000	47 500
	小 计				975	20	19 500	90 000	109 500
生产成本——辅助生产成本	供电车间	直接材料						950	950
	供水车间	直接材料						1 600	1 600
	小 计							2 550	2 550
制造费用	基本生产车间	制造费用						2 000	2 000
管理费用								2 600	2 600
销售费用								500	500
合计							19 500	97 650	117 150

根据上述"材料费用分配汇总表"分配材料费用记入有关账户,有关会计分录如下:

借:生产成本——基本生产成本(甲产品)　　　　　　　　　　62 000
　　　　　　　——基本生产成本(乙产品)　　　　　　　　　47 500
　　　　　　　——辅助生产成本(供电车间)　　　　　　　　　950
　　　　　　　——辅助生产成本(供水车间)　　　　　　　　1 600
　　制造费用——基本生产车间　　　　　　　　　　　　　　2 000
　　管理费用　　　　　　　　　　　　　　　　　　　　　　2 600
　　销售费用　　　　　　　　　　　　　　　　　　　　　　　500
　　贷:原材料　　　　　　　　　　　　　　　　　　　　117 150

？思考

[例 2-3]的外购电力分配如何进行账务处理?

任务2.3　人工费用的归集与分配

一、任务布置

【任务 2-3】　人工费用的归集与分配

接[任务 2-3],鸿远企业 201×年 9 月的工资资料和生产工时记录见表 2-11 和表 2-12。

表 2-11   工资结算汇总表
                                            201×年 9 月 30 日   单位:元

部　门	生产工人工资	管理人员工资
第一基本生产车间	240 000	12 000
第二基本生产车间	196 000	12 000
供电车间	15 500	2 800

（续表）

部门	生产工人工资	管理人员工资
锅炉车间	19 000	2 000
行政管理部门		10 000

说明：①分别按工资总额的10.5％、2％和1.5％计提职工福利费、工会经费和职工教育经费（社会保险费和住房公积金略）。②基本生产车间生产工人的工资及计提的职工福利费、工会经费和职工教育经费按生产工时分配。

表 2-12　　　　　　　　　　　　生产工时记录　　　　　　　　　　　　单位：小时

部　门	甲产品	乙产品	丙产品	修复甲废品	修复丙废品
第一基本生产车间	240 000	156 000		4 000	
第二基本生产车间			275 000		5 000

要求：

（1）计算甲、乙、丙产品负担的人工费用。

（2）编制鸿远企业201×年9月的人工费用分配汇总表，并进行相关账务处理。

二、知识链接

（一）职工薪酬的含义

职工薪酬是指企业为获得职工提供的服务或解除劳动关系而给予的各种形式的报酬或补偿。企业提供给职工配偶、子女、受赡养人、已故员工遗属及其他受益人等的福利，也属于职工薪酬。职工薪酬主要包括短期薪酬、离职后福利、辞退福利和其他长期职工福利。

1. 短期薪酬

短期薪酬是指企业预期在职工提供相关服务的年度报告期间结束后12个月内将全部予以支付的职工薪酬，因解除与职工的劳动关系给予的补偿除外。因解除与职工的劳动关系给予的补偿属于辞退福利的范畴。

短期薪酬主要包括：

（1）职工工资、奖金、津贴和补贴，是指企业按照构成工资总额的计时工资、计件工资、支付给职工的超额劳动报酬等的劳动报酬，为了补偿职工特殊或额外的劳动消耗和因其他特殊原因支付给职工的津贴，以及为了保证职工工资水平不受物价影响支付给职工的物价补贴等。其中，企业按照短期奖金计划向职工发放的奖金属于短期薪酬，按照长期奖金计划向职工发放的奖金属于其他长期职工福利。

（2）职工福利费，是指企业向职工提供的生活困难补助、丧葬补助费、抚恤费、职工异地安家费、防暑降温费等职工福利支出。

（3）养老保险费、医疗保险费、工伤保险费和生育保险费等社会保险费，是指企业按照国家规定的基准和比例计算，向社会保险经办机构缴存的医疗保险费、工伤保险费和生育保险费。

（4）住房公积金，是指企业按照国家规定的基准和比例计算，向住房公积金管理机构缴存的住房公积金。

（5）工会经费和职工教育经费，是指企业为了改善职工文化生活、为职工学习先进技术和提高文化水平和业务素质，用于开展工会活动和职工教育及职业技能培训等相关支出。

（6）短期带薪缺勤，是指职工虽然缺勤但企业仍向其支付报酬的安排，包括年休假、病假、

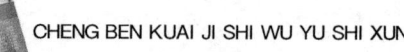

婚假、产假、丧假、探亲假等。长期带薪缺勤属于其他长期职工福利。

（7）短期利润分享计划，是指因职工提供服务而与职工达成的基于利润或其他经营成果提供薪酬的协议。长期利润分享计划属于其他长期职工福利。

（8）其他短期薪酬，是指除上述薪酬以外的其他为获得职工提供的服务而给予的短期薪酬。

2. 离职后福利

离职后福利是指企业为获得职工提供的服务而在职工退休或与企业解除劳动关系后，提供的各种形式的报酬和福利，属于短期薪酬和辞退福利的除外。

3. 辞退福利

辞退福利是指企业在职工劳动合同到期之前解除与职工的劳动关系，或者为鼓励职工自愿接受裁减而给予职工的补偿。

辞退福利主要包括：

（1）在职工劳动合同尚未到期前，不论职工本人是否愿意，企业决定解除与职工的劳动关系而给予的补偿。

（2）在职工劳动合同尚未到期前，为鼓励职工自愿接受裁减而给予的补偿，职工有权利选择继续在职或接受补偿离职。

4. 其他长期职工福利

其他长期职工福利是指除短期薪酬、离职后福利、辞退福利之外所有的职工薪酬，包括长期带薪缺勤、长期残疾福利、长期利润分享计划等。

😊 **温馨提示**

人们生活中经常提到的"五险一金"中，"五险"就是指企业按国家规定为本单位职工缴纳的养老保险费、医疗保险费、失业保险费、生育保险费、工伤保险费；"一金"是指企业为职工缴纳的住房公积金。

其中的养老保险费、医疗保险费、失业保险费和住房公积金，缴纳方式为单位和个人各承担一部分。

😊 **温馨提示**

职工薪酬中所称的职工，是指与企业订立劳动合同的所有人员，含全职、兼职和临时职工，也包括虽未与企业订立劳动合同但由企业正式任命的人员。

未与企业订立劳动合同或未由其正式任命，但向企业所提供服务与职工所提供服务类似的人员，也属于职工的范畴，包括通过企业与劳务中介公司签订用工合同而向企业提供服务的人员。

（二）人工费用的归集

本书中的人工费用主要介绍短期薪酬。

1. 工资、奖金、津贴和补贴

在进行工资费用的归集时，应划清工资总额组成与非工资总额组成的界限。例如，为生产工人购买劳动保护用品的支付，属于劳动保护费，应作为制造费用计入产品成本。在实际工作中，一般企业每月以考勤记录、产量记录等原始记录为依据，按照工资总额的组成内容分项计算并汇总，然后计算出工资总额。

(1) 计时工资的计算。主要分两种情况：

其一，月薪制下计时工资的计算。月薪制下计时工资是根据职工的月标准工资扣除缺勤工资计算的。不论大月小月，只要职工当月出满勤，就可以得到固定的月标准工资。其计算公式如下：

$$应付计时工资 = 月标准工资 - 缺勤天数 \times 日工资率$$

其中，日工资率的计算有三种方法：一是用月标准工资除以全年平均每月的日历天数计算；二是用月标准工资除以全年平均每月的工作天数计算；三是用月标准工资除以当月满勤天数计算。

其二，日薪制下计时工资的计算。日薪制下计时工资是根据职工的出勤天数和日工资率计算的。其计算公式如下：

$$应付计时工资 = 出勤天数 \times 日工资率$$

日工资率的计算也可以采用上述三种方法。

(2) 计件工资的计算。计件工资是按产量记录的个人(或班组)完成的产品数量乘以规定的计件单价计算支付的工资。计算计件工资的产品产量，包括合格产品产量和料废品数量，但不包括工废品数量。所以计件工资的计算公式如下：

$$应付计件工资 = (合格品数量 + 料废品数量) \times 计件单价$$

(3) 奖金的计算。奖金应根据国家的有关规定和企业内部的奖励标准计算支付。

(4) 津贴和补贴的计算。津贴和补贴应严格遵守国家有关规定计算发放。

? 思考

(1) 上面几项合计就是职工到手的工资吗？

(2) 应发工资和实发工资主要差别在哪些项目？

一般按照上述方法计算出工资以后，要按车间或部门编制"工资结算单"，然后企业财会部门据此按人员类别编制"工资结算汇总表"，计算企业实际要支付给职工的工资。工资结算单的格式见表 2-13。

表 2-13　　　　　　　　　**工 资 结 算 单**

部门：第一基本生产车间　　　　　201×年 5 月 31 日　　　　　　　　单位：元

编号	姓名	日工资率	计时工资	计件工资	奖金		各种津贴			缺勤扣款				应付工资	代扣款项			实发工资
					综合奖	单项奖	副食补贴	夜班津贴	粮贴	事假		病假			社会保险	住房公积金	个人所得税	
										天数	金额	天数	金额					
101	李明	120		3 605	400		250	120	80	10	120	10	120	4 215	206	166		3 843
102	王超	125		4 201	400		250	140	80	10	125			4 946	322	780		4 546
103	李中	135		4 706		300	250	150	80					5 486	395	95		4 996
……																		
合计			92 000	20 000	8 000	6 400	10 000	2 400	3 200		1 150		600	148 250	9 600	5 110	100	132 540

【**例 2-5**】 甲企业 201×年 5 月根据各车间、部门的"工资结算单"编制的"工资结算汇总表"见表 2-14。

表 2-14

工资结算汇总表

201×年 5 月 31 日

单位:元

项目 职工类别		应 付 工 资						代扣款项			实发工资
		计时工资	计件工资	奖金	津贴	缺勤扣款	合计	社会保险	住房公积金	合计	
基本生产车间	生产工人		78 000	10 000	4 000	2 000	90 000	11 000	12 000	23 000	67 000
	管理人员	8 000		500			8 500	990	1 080	2 070	6 430
	小计	8 000	78 000	10 500	4 000	2 000	98 500	11 990	13 080	25 070	73 430
辅助生产车间	生产工人	15 000		2 000	1 000		18 000	2 200	2 400	4 600	13 400
	管理人员	1 800		200	100	10	2 090	253	276	529	1 561
	小计	16 800		2 200	1 100	10	20 090	2 453	2 676	5 129	14 961
行政管理部门		20 000		4 000		500	23 500	2 750	3 000	5 750	17 750
福利部门		5 000		800		100	5 700	660	720	1 380	4 320
专设销售机构		2 000		600	200	30	2 770	330	360	690	2 080
在建工程人员		1 500		100		80	1 520	198	216	414	1 106
合 计		53 300	78 000	18 200	5 300	2 720	152 080	18 381	20 052	38 433	113 647

2. 职工福利费

国家(或企业年金计划)没有明确规定职工福利费的计提基础和计提比例,企业应当根据历史经验数据和实际情况,合理预计当期应提取的职工福利费。当期实际发生金额大于预计金额的,应当补提;当期实际发生金额小于预计金额的,应当冲回。

企业提取的职工福利费主要用于职工的医疗费,企业医护人员的工资,医务经费,职工因公负伤赴外地就医的路费,职工生活困难补助费,职工浴室、理发室、幼儿园、托儿所人员工资,以及按照国家规定应由福利费用开支的其他支出。

【**例 2-6**】 根据[例 2-5]中的表 2-14 编制"职工福利费用计算表"(职工福利费按工资总额的 14%提取),见表 2-15。

表 2-15

职工福利费用计算表

201×年 5 月 31 日

单位:元

职工类别		工资总额	计提比例	应计提职工福利费
基本生产车间	生产工人	90 000		12 600.0
	管理人员	8 500		1 190.0
	小计	98 500		13 790.0
辅助生产车间	生产工人	18 000		2 520.0
	管理人员	2 090		292.6
	小计	20 090		2812.6

（续表）

职工类别	工资总额	计提比例	应计提职工福利费
行政管理部门	23 500		3 290.0
福利部门	5 700		798.0
专设销售机构	2 770		387.8
在建工程人员	1 520		212.8
合　计	152 080	14%	21 291.2

3. 社会保险费和住房公积金

企业应向社会保险经办机构（或企业年金基金账户管理人）缴纳的社会保险费和应向住房公积金管理中心缴存的住房公积金，国家（或企业年金计划）统一规定了计提基础和计提比例，应当按照国家规定的标准计提。社会保险费和住房公积金由企业和职工共同缴存。其中，应由企业缴存的部分构成企业的成本费用；应由职工个人缴存的部分从职工的工资中扣除。

【例 2-7】　甲企业 201×年 5 月提取各种社会保险费和住房公积金的情况见表 2-16。

表 2-16　　　　　　　　　企业社会保险费和住房公积金提取计算表

201×年 5 月 31 日　　　　　　　　　　单位:元

职工类别		缴费基数	养老保险		医疗保险		失业保险		工伤保险	生育保险	企业提取社会保险合计	个人提取社会保险合计	住房公积金	
			企业 20%	个人 8%	企业 8%	个人 2%	企业 2%	个人 1%	企业 1%	企业 0.9%			企业 12%	个人 12%
基本生产车间	生产工人	100 000	20 000	8 000	8 000	2 000	2 000	1 000	1 000	900.0	31 900.0	11 000	12 000	12 000
	管理人员	9 000	1 800	720	720	180	180	90	90	81.0	2 871.0	990	1 080	1 080
	小计	109 000	21 800	8 720	8 720	2 180	2 180	1 090	1 090	981.0	34 771.0	11 990	13 080	13 080
辅助生产车间	生产工人	20 000	4 000	1 600	1 600	400	400	200	200	180.0	6 380.0	2 200	2 400	2 400
	管理人员	2 300	460	184	184	46	46	23	23	20.7	733.7	253	276	276
	小计	22 300	4 460	1 784	1 784	446	446	223	223	201.0	7 114.0	2 453	2 676	2 676
行政管理部门		25 000	5 000	2 000	2 000	500	500	250	250	225.0	7 975.0	2 750	3 000	3 000
福利部门		6 000	1 200	480	480	120	120	60	60	54.0	1 914.0	660	720	720
专设销售机构		3 000	600	240	240	60	60	30	30	27.0	957.0	330	360	360
在建工程人员		1 800	360	144	144	36	36	18	18	16.2	574.2	198	216	216
合计		167 100	33 420	13 368	13 368	3 342	3 342	1 671	1 671	1 504	53 305	18 381	20 052	20 052

4. 工会经费和职工教育经费

根据国家有关规定，企业每月应按照职工工资总额的 2% 计提工会经费，按期拨付给企

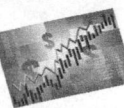

业工会使用。企业提取工会经费的工资总额的构成与统计上的口径一致。其计算公式如下：

$$计提的工会经费 = 工资总额 \times 2\%$$

为了提高企业职工的文化素质和科技水平，在一定程度上保证企业开展职工教育的经费来源，企业可以根据国家有关规定按职工工资额的 1.5% 计提职工教育经费。其计算公式如下：

$$计提的职工教育经费 = 工资总额 \times 1.5\%$$

企业人员技术要求高、培训任务重、经济效益好的企业，可根据国家相关规定，按照职工工资总额的 2.5% 计提职工教育经费。

【例 2-8】 甲企业 201×年 5 月提取工会经费和职工教育经费的情况见表 2-17。

表 2-17 　　　　　　　　　企业工会经费和职工教育经费提取计算表

201×年 5 月 31 日 　　　　　　　　　　　　　　　　　　　　　单位:元

职工类别		工资总额	工会经费		职工教育经费	
			比例(%)	金额	比例(%)	金额
基本生产车间	生产工人	90 000	2	1 800.0	1.5	1 350.00
	管理人员	8 500	2	170.0	1.5	127.50
	小计	98 500	2	1 970.0	1.5	1477.50
辅助生产车间	生产工人	18 000	2	360.0	1.5	270.00
	管理人员	2 090	2	41.8	1.5	31.35
	小计	20 090	2	401.8	1.5	301.35
行政管理部门		23 500	2	470.0	1.5	352.50
福利部门		5 700	2	114.0	1.5	85.50
专设销售机构		2 770	2	55.4	1.5	41.55
在建工程人员		1 520	2	30.4	1.5	22.80
合　计		152 080	2	3 041.6	1.5	2 281.20

（三）人工费用的分配

人工费用中凡是能直接确定哪种产品耗用的，属于直接计入费用，应当直接计入该产品成本；凡是几种产品共同耗用的，属于间接计入费用，则应当采用合理的方法分配计入各产品成本。

在计件工资制度下，一般人工费用中计件工资部分属于直接计入费用，应根据工资费用分配汇总表直接计入有关产品成本；而不能直接计入的奖金、津贴和补贴等，应以直接计入的计件工资或生产工时为标准分配计入各有关产品成本。

在计时工资制度下，如果企业生产单一产品，则全部人工费用都属于直接计入费用，应直接计入该产品成本；如果生产多种产品，则必须选择适当的分配标准将其分配计入各有关产品成本。一般分配标准有生产工时、直接材料成本等，企业应当根据生产经营的特点，选择最适当的分配标准。分配人工费用无论选用哪种分配标准，其基本公式都可以表述为：

$$人工费用分配率 = \frac{拟分配的人工费用总额}{分配标准之和}$$

某产品应负担的人工费用＝该产品的分配标准×人工费用分配率

【例 2-9】 沿用[例 2-5]、[例 2-6]、[例 2-7]、[例 2-8]的数据,该企业基本生产车间生产工人工资总额为 90 000 元,计提的职工福利费为 12 600 元,提取的各种社会保险(企业缴存的部分)为 31 900 元,提取的住房公积金(企业缴存的部分)为 12 000 元,提取的工会经费为 1 800 元,提取的职工教育经费为 1 350 元。工资总额中,76 000 元为计件工资,可以直接计入各种产品成本中;14 000 元需要分配计入。假设基本生产车间生产 A、B 两种产品,生产 A 产品的工人计件工资为 30 000 元,生产 B 产品的工人计件工资为 46 000 元。

要求:以计件工资作为分配标准,将上述人工费用分配到 A、B 产品成本中。

(1) 工资:

分配率＝14 000÷(30 000＋46 000)≈0.184 2

A 产品应负担的工资＝30 000×0.184 2＝5 526(元)

B 产品应负担的工资＝14 000－5 526＝8 474(元)

A 产品应负担的工资总额＝30 000＋5 526＝35 526(元)

B 产品应负担的工资总额＝46 000＋8 474＝54 474(元)

(2) 职工福利费:

分配率＝12 600÷(30 000＋46 000)≈0.165 8

A 产品应负担的职工福利费＝30 000×0.165 8＝4 974(元)

B 产品应负担的职工福利费＝12 600－4 974＝7 626(元)

(3) 社会保险费:

分配率＝31 900÷(30 000＋46 000)≈0.419 7

A 产品应负担的职工福利费＝30 000×0.419 7＝12 591(元)

B 产品应负担的职工福利费＝31 900－12 591＝19 309(元)

(4) 住房公积金:

分配率＝12 000÷(30 000＋46 000)≈0.157 9

A 产品应负担的职工福利费＝30 000×0.157 9＝4 737(元)

B 产品应负担的职工福利费＝12 000－4 737＝7 263(元)

(5) 工会经费:

分配率＝1 800÷(30 000＋46 000)≈0.023 7

A 产品应负担的职工福利费＝30 000×0.023 7＝711(元)

B 产品应负担的职工福利费＝1 800－711＝1 089(元)

(6) 职工教育经费:

分配率＝1 350÷(30 000＋46 000)≈0.017 8

A 产品应负担的职工福利费＝30 000×0.017 8＝534(元)

B 产品应负担的职工福利费＝1 350－534＝816(元)

(四)人工费用的账务处理

1. 企业负担部分

在对人工费用进行归集和分配之后,确定了各受益对象(各种产品和各类人员)应负担的

人工费用,企业可以据此编制"人工费用分配汇总表"和相应的会计分录。

根据 2014 年财政部修订的《企业会计准则第 9 号——职工薪酬》(财会[2014]8 号),对于职工工资、提取的职工福利费、社会保险费、住房公积金、工会经费、职工教育经费等人工费用,应当按照不同的受益对象分别记入不同的账户。其中,基本生产车间生产工人的人工费用属于"直接人工"成本项目,应当借记"生产成本——基本生产成本"账户,辅助生产车间生产工人的人工费用属于"直接人工"成本项目,应当借记"生产成本——辅助生产成本"账户,基本生产车间和辅助生产车间管理人员的人工费用,应当借记"制造费用"账户,企业行政管理部门人员的人工费用,应当借记"管理费用"账户,专设销售机构人员的人工费用,应当借记"销售费用"账户,固定资产建造等工程人员的人工费用,应当借记"在建工程"账户,生活福利部门人员的人工费用,应当借记"应付职工薪酬——职工福利"账户,贷记"应付职工薪酬——工资"、"应付职工薪酬——职工福利"、"应付职工薪酬——社会保险费"、"应付职工薪酬——住房公积金"等账户。

😊 **温馨提示**

对于提取的职工福利费,借方账户与上述人工费用的分配基本相同,只是按生活福利部门人员工资提取的部分应当借记"管理费用"账户。

【例 2-10】 接[例 2-5]、[例 2-6]、[例 2-7]、[例 2-8]、[例 2-9]的资料,编制人工费用分配汇总表,见表 2-18。

表 2-18

人工费用分配汇总表

201×年 5 月 31 日 单位:元

应借账户		成本项目	工资总额	职工福利费	社会保险费	住房公积金	工会经费	职工教育经费	合计
生产成本——基本生产成本	A 产品	直接人工	35 526	4 974.0	12 591.0	4 737	711.0	534.00	64 476.00
	B 产品	直接人工	54 474	7 626.0	19 309.0	7 263	1 089.0	816.00	98 863.00
	小计		90 000	12 600.0	31 900.0	12 000	1 800.0	1 350.00	163 339.00
生产成本——辅助生产成本		直接人工	18 000	2 520.0	6 380.0	2 400	360.0	270.00	30 538.40
制造费用	基本生产车间		8 500	1 190.0	2 871.0	1 080	170.0	127.50	14 851.10
	辅助生产车间		2 090	292.6	733.7	276	41.8	31.35	3 617.55
管理费用			23 500	4 088.0	7 975.0	3 000	470.0	352.50	40 146.00
应付职工薪酬——职工福利			5 700		1 914.0	720	114.0	85.50	8 837.70
销售费用			2 770	387.8	957.0	360	55.4	41.55	5 028.05
在建工程			1 520	212.8	574.2	216	30.4	22.80	2 728.30
合 计			152 080	21 291.20	53 305.0	20 052	3 041.6	2 281.20	269 086.00

根据表 2-18 编制如下会计分录:

借：生产成本——基本生产成本（A 产品）　　　　　　　35 526
　　　　　　　——基本生产成本（B 产品）　　　　　　　54 474
　　　　　　　——辅助生产成本　　　　　　　　　　　18 000
　　制造费用——基本生产车间　　　　　　　　　　　　8 500
　　　　　　　——辅助生产车间　　　　　　　　　　　2 090
　　管理费用　　　　　　　　　　　　　　　　　　　23 500
　　应付职工薪酬——职工福利　　　　　　　　　　　　5 700
　　销售费用　　　　　　　　　　　　　　　　　　　　2 770
　　在建工程　　　　　　　　　　　　　　　　　　　　1 520
　贷：应付职工薪酬——工资　　　　　　　　　　　　152 080
借：生产成本——基本生产成本（A 产品）　　　　　　　4 974.0
　　　　　　　——基本生产成本（B 产品）　　　　　　　7 626.0
　　　　　　　——辅助生产成本　　　　　　　　　　　2 520.0
　　制造费用——基本生产车间　　　　　　　　　　　　1 190.0
　　　　　　　——辅助生产车间　　　　　　　　　　　292.6
　　管理费用　　　　　　　　　　　　　　　　　　　4 088.0
　　销售费用　　　　　　　　　　　　　　　　　　　　387.8
　　在建工程　　　　　　　　　　　　　　　　　　　　212.8
　贷：应付职工薪酬——职工福利　　　　　　　　　　21 291.2
借：生产成本——基本生产成本（A 产品）　　　　　　　12 591.0
　　　　　　　——基本生产成本（B 产品）　　　　　　　19 309.0
　　　　　　　——辅助生产成本　　　　　　　　　　　6 380.0
　　制造费用——基本生产车间　　　　　　　　　　　　2 871.0
　　　　　　　——辅助生产车间　　　　　　　　　　　733.7
　　管理费用　　　　　　　　　　　　　　　　　　　7 975.0
　　应付职工薪酬——职工福利　　　　　　　　　　　　1 914.0
　　销售费用　　　　　　　　　　　　　　　　　　　　957.0
　　在建工程　　　　　　　　　　　　　　　　　　　　574.2
　贷：应付职工薪酬——社会保险费（养老保险）　　　　33 420.0
　　　　　　　　　　——社会保险费（医疗保险）　　　13 368.0
　　　　　　　　　　——社会保险费（失业保险）　　　3 342.0
　　　　　　　　　　——社会保险费（生育保险）　　　1 504.0
　　　　　　　　　　——社会保险费（工伤保险）　　　1 671.0
借：生产成本——基本生产成本（A 产品）　　　　　　　4 737
　　　　　　　——基本生产成本（B 产品）　　　　　　　7 263
　　　　　　　——辅助生产成本　　　　　　　　　　　2 400
　　制造费用——基本生产车间　　　　　　　　　　　　1 080
　　　　　　　——辅助生产车间　　　　　　　　　　　276
　　管理费用　　　　　　　　　　　　　　　　　　　3 000
　　应付职工薪酬——职工福利　　　　　　　　　　　　720
　　销售费用　　　　　　　　　　　　　　　　　　　　360
　　在建工程　　　　　　　　　　　　　　　　　　　　216
　贷：应付职工薪酬——住房公积金　　　　　　　　　20 052

借:生产成本——基本生产成本(A产品)　　711.0

　　　　　——基本生产成本(B产品)　　1 089.0

　　　　　——辅助生产成本　　360.0

　　制造费用——基本生产车间　　170.0

　　　　　——辅助生产车间　　41.8

　　管理费用　　470.0

　　应付职工薪酬——职工福利　　114.0

　　销售费用　　55.4

　　在建工程　　30.4

　　贷:应付职工薪酬——工会经费　　3 041.6

借:生产成本——基本生产成本(A产品)　　534.00

　　　　　——基本生产成本(B产品)　　816.00

　　　　　——辅助生产成本　　270.00

　　制造费用——基本生产车间　　127.50

　　　　　——辅助生产车间　　31.35

　　管理费用　　352.50

　　应付职工薪酬——职工福利　　85.50

　　销售费用　　41.55

　　在建工程　　22.80

　　贷:应付职工薪酬——职工教育经费　　2 281.20

2. 个人负担部分

企业支付工资时,借记"应付职工薪酬——工资"账户,按照个人承担的社会保险费,贷记"其他应付款——社会保险费(养老、医疗、失业保险)"账户,按照个人承担的住房公积金,贷记"其他应付款——住房公积金"账户,单位代扣代缴个人所得税时,贷记"应交税费——应交个人所得税"账户,实际支付给职工的工资部分,贷记"银行存款"账户。

【例 2-11】 接[例 2-7],甲企业支付 5 月份工资时,个人扣款项目和实发工资见表 2-19。

表 2-19

工资及应扣款项计算表

201×年 5 月 31 日

单位:元

职工编号	职工姓名	5月份工资	养老保险	医疗保险	失业保险	住房公积金	个人所得税	扣款合计	实发工资
12101	王洁	8 000	640	160	80	800	177.00	1 857.00	6 143.00
12102	赵阳	2 500	200	50	25	250	—	525.00	1 975.00
12103	黄澄澄	2 300	184	46	23	230	—	483.00	1 817.00
12201	陈远	4 000	320	80	40	400	—	840.00	3 160.00
12202	万江	2 500	200	50	25	250	—	525.00	1 975.00
12203	陈刚	2 100	168	42	21	210	—	441.00	1 659.00
12301	朱批江	3 000	240	60	30	300	—	630.00	2 370.00
12302	李珊瑚	2 200	176	44	22	220	—	462.00	1 738.00

（续表）

职工编号	职工姓名	5月份工资	养老保险	医疗保险	失业保险	住房公积金	个人所得税	扣款合计	实发工资
12303	时国庆	2 200	176	44	22	220	—	462.00	1 738.00
12401	王凤	3 000	240	60	30	300	—	630.00	2 370.00
12402	金素	2 200	176	44	22	220	—	462.00	1 738.00
12403	付杰	2 200	176	44	22	220	—	462.00	1 738.00
......									
22101	张港	4 500	360	90	45	450	1.65	946.65	3 553.35
22102	周小华	2 300	184	46	23	230	—	483.00	1 817.00
22103	王浩荡	2 300	184	46	23	230	—	483.00	1 817.00
22104	潘长江	2 300	184	46	23	230	—	483.00	1 817.00
22105	姜红	2 200	176	44	22	220	—	462.00	1 738.00
22106	林英俊	2 200	176	44	22	220	—	462.00	1 738.00
22107	石开	2 100	168	42	21	210	—	441.00	1 659.00
合计		167 100	13 368	3 342	1 671	20 052	2 342.35	40 775.35	126 324.65

根据表 2-19 编制如下会计分录：

借：应付职工薪酬——工资　　　　　　　　　　　　　　167 100.00

　　贷：其他应付款——社会保险费（养老保险）　　　　　13 368.00

　　　　　　　　——社会保险费（医疗保险）　　　　　　3 342.00

　　　　　　　　——社会保险费（失业保险）　　　　　　1 671.00

　　　　　　　　——住房公积金　　　　　　　　　　　20 052.00

　　　应交税费——应交个人所得税　　　　　　　　　　　2 342.35

　　　银行存款　　　　　　　　　　　　　　　　　　　126 324.65

企业缴纳社会保险费、住房公积金和个人所得税时编制如下会计分录：

借：应付职工薪酬——社会保险费（养老保险）　　　　　33 420.00

　　　　　　　　——社会保险费（医疗保险）　　　　　13 368.00

　　　　　　　　——社会保险费（失业保险）　　　　　　3 342.00

　　　　　　　　——社会保险费（生育保险）　　　　　　1 504.00

　　　　　　　　——社会保险费（工伤保险）　　　　　　1 671.00

　　　　　　　　——住房公积金　　　　　　　　　　　20 052.00

　　　其他应付款——社会保险费（养老保险）　　　　　13 368.00

　　　　　　　　——社会保险费（医疗保险）　　　　　　3 342.00

　　　　　　　　——社会保险费（失业保险）　　　　　　1 671.00

　　　　　　　　——住房公积金　　　　　　　　　　　20 052.00

　　　应交税费——应交个人所得税　　　　　　　　　　　2 342.35

　　贷：银行存款　　　　　　　　　　　　　　　　　　114 132.40

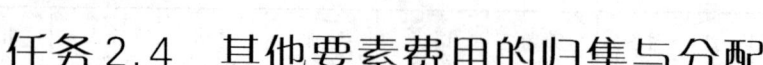

任务2.4 其他要素费用的归集与分配

一、任务布置

【任务 2-4】 其他要素费用的归集与分配

接［任务 2-2］、［任务 2-3］，鸿远企业 201×年 9 月其他费用耗费见表 2-20。

表 2-20   其他费用汇总表

201×年 9 月 30 日   单位:元

部 门	折旧费	水电费(外单位提供)	低值易耗品摊销	其他费用
第一基本生产车间	15 000	9 000	3 600	13 740
第二基本生产车间	18 000	9 800	4 000	8 700
供电车间	15 000	8 790	2 508	22 470
锅炉车间	6 000	2 000	3 500	24 400
行政管理部门	11 000	4 200	2 000	92 860

说明:水电费和其他费用已用银行存款支付。

要求:对鸿远企业 201×年 9 月的上述耗费进行账务处理。

二、知识链接

（一）折旧费用的核算

固定资产折旧费是指在一定时期内由于固定资产的损耗而转移到成本中的那一部分价值。它的归集是通过编制企业折旧计算表来完成的,而企业折旧计算表是对各车间、部门折旧计算明细表的汇总。

一般某月折旧费用是通过下列公式计算的:

某月折旧费用 = 上月折旧费用 + 上月增加固定资产应提折旧费用 - 上月减少固定资产应提折旧费用

式中,"上月折旧费用"从上月的企业折旧计算表中取得;"上月增加(减少)固定资产应提折旧费用"应当采用一定的折旧计算方法分别计算。

温馨提示

固定资产折旧计算的方法包括年限平均法(直线法)、工作量法、双倍余额递减法和年数总和法。折旧方法一经确定,不得随意变更。一旦变更,需在会计报表附注中予以说明。企业应当根据固定资产的性质和消耗方式以及科技发展、环境及其他因素,合理选择折旧方法。

【例 2-12】 甲企业一车间编制的固定资产折旧计算明细表见表 2-21。

表 2-21　　　　　　　　　　　　固定资产折旧计算明细表

部门:一车间　　　　　　　　　　　201×年 5 月 31 日　　　　　　　　　　　单位:元

固定资产类别	月折旧率	上月折旧额	上月增加固定资产原价	上月减少固定资产原价	应增应减折旧额	本月折旧额
房屋	0.15%	12 000	580 000	100 000	+720	12 720
机械设备	0.40%	8 500	30 000	—	+120	8 620
动力设备	0.55%	6 600	—	—	—	6 600
专用设备	0.46%	5 800	—	40 000	-184	5 616
合计	—	32 900	610 000	140 000	+656	33 556

其他部门的固定资产折旧计算明细表略。

根据各车间、部门的折旧计算明细表,可以编制企业折旧计算表,见表 2-22。

表 2-22　　　　　　　　　　　　企业折旧计算表

201×年 5 月 31 日　　　　　　　　　　　单位:元

应借账户	车间、部门		本月折旧额
制造费用	基本生产车间	一 车 间	33 556
		二 车 间	48 324
		小　计	81 880
	辅助生产车间	机修车间	7 500
		供电车间	2 850
		小　计	10 350
管理费用	行政管理部门		5 500
销售费用	专设销售机构		1 530
其他业务成本	经营租出固定资产		1 100
合　计			100 360

编制如下会计分录:

借:制造费用——基本生产车间　　　　　　　　　　　　　　　　81 880

　　　　　　——辅助生产车间　　　　　　　　　　　　　　　　10 350

　　管理费用　　　　　　　　　　　　　　　　　　　　　　　　5 500

　　销售费用　　　　　　　　　　　　　　　　　　　　　　　　1 530

　　其他业务成本　　　　　　　　　　　　　　　　　　　　　　1 100

　　贷:累计折旧　　　　　　　　　　　　　　　　　　　　　　100 360

(二) 利息费用的核算

利息费用一般不单设成本项目反映,而属于期间费用。对于为购建固定资产而发生的利息费用,根据其发生期间的不同,可记入不同的账户。根据《企业会计准则》的规定,企业各种借款发生的利息费用,在筹建期间,应当记入"管理费用"账户,在生产经营期间,应当记入"财务费用"账户。其中,与购建或生产资产有关的,在资产尚未达到预定可使用状态或可销售状态前发生的,属于应予以资本化的部分,应当记入"在建工程""制造费用""研发支出"等账户;在资产达到预定可使用状态或可销售状态后发生的,属于生产经营期间的,记入"财务费用"账户;属于筹建期间的,记入"管理费用"账户。

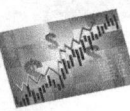

短期借款的利息一般按季结算支付。但按权责发生制原则，季内各月应付的利息，应按月预提，季末实际支付时冲减应付利息。每月预提利息费用时，借记"财务费用"账户，贷记"应付利息"账户；实际支付利息时，借记"应付利息"账户，贷记"银行存款"账户。季末调整实际支付利息与预提利息费用的差额。

长期借款利息费用一般是每年计算一次利息，到期一次还本付息。每年计算结转应付利息时，借记"财务费用"、"在建工程"或"制造费用"账户，贷记"长期借款"账户；到期还本付息时，借记"长期借款"账户，贷记"银行存款"账户。

（三）税金的核算

目前企业缴纳的税金，主要有增值税、营业税、消费税、企业所得税、房产税、车船税等。其中增值税不计入企业成本费用；其他税金应当计入企业的成本费用。

企业销售应税消费品时，借记"营业税金及附加"账户，贷记"应交税费——应交消费税"账户；企业计算出营业税时，借记"营业税金及附加"账户，贷记"应交税费——应交营业税"账户；企业计算出企业所得税时，借记"所得税费用"账户，贷记"应交税费——应交所得税"账户；企业计算出应缴纳的房产税、车船税、土地使用税时，借记"管理费用"账户，贷记"应交税费"账户。当实际缴纳上述税金时，借记"应交税费"账户，贷记"银行存款"账户。企业缴纳的印花税不在"应交税费"账户核算，于购买印花税票或缴纳时，直接借记"管理费用"账户，贷记"银行存款"账户。

（四）税金的核算

工业企业要素费用中的其他费用支出是指除上述各项费用以外的其他费用支出，包括修理费、差旅费、邮电费、保险费、租赁费、劳动保护费、运输费、办公费、水电费、排污费、广告费、技术转让费、业务招待费等。这些费用均没有专门设立成本项目，应当在费用发生时，根据有关的付款凭证，按照费用发生的车间、部门和用途进行归类，分别借记"制造费用"、"管理费用"、"销售费用"账户，贷记"银行存款"或"库存现金"账户。

任务2.5　辅助生产费用的归集与分配

一、任务布置

【任务2-5】　辅助生产费用的归集与分配

接[任务2-2]、[任务2-3]、[任务2-4]，鸿远企业设有供电和锅炉两个辅助生产车间，201×年9月，两个辅助生产车间提供的劳务量见表2-23。

表2-23　　　　　　　　　　辅助生产车间的劳务量汇总表
201×年9月30日

供应部门 受益单位	供电车间（千瓦时）	锅炉车间（立方米）
供电车间		930
锅炉车间	2 100	
第一基本生产车间（均为间接费用）	60 000	4 000

（续表）

供应部门 受益单位	供电车间（千瓦时）	锅炉车间（立方米）
第二基本生产车间（均为间接费用）	40 000	5 000
行政管理部门	3 500	1 000
合计	105 600	10 930

　　要求：（1）根据前面［任务 2-2］、［任务 2-3］、［任务 2-4］的结果，归集鸿远企业 201×年 9 月供电车间和锅炉车间发生的费用。

　　（2）采用直接分配法分配两个辅助生产车间的成本。

二、知识链接

【任务 2-5-1】　辅助生产费用的归集

　　上课时，老师给同学们介绍了一个学校附近的生产泡沫塑料的工厂案例。该厂有两个基本生产车间，分别生产两个系列的塑料包装材料；有一个锅炉车间，用来生产高温水蒸气，供生产车间生产和行政办公冬季取暖用；有一个供电车间，当企业停电时，用来发电供生产和办公照明用。

　　讨论：

　　（1）蒸汽车间和供电车间的费用有哪些？如何归集？

　　（2）蒸汽车间和供电车间的费用如何分配？

　　工业企业生产车间按生产任务不同，可划分为基本生产车间和辅助生产车间两大类。

　　基本生产车间以直接生产各种对外销售的产品为主要任务；辅助生产车间主要为基本生产车间和行政管理部门等部门提供劳务或产品。辅助生产车间根据所提供的劳务或产品的品种可以分为两类：一是只生产一种产品或提供一种劳务的辅助生产车间，如供电、供水、运输等辅助生产车间；二是涉及生产多种产品或提供多种劳务的辅助生产车间，如制造工具、模具、修理用备件，以及修理机器设备等的辅助生产车间。

　　辅助生产车间提供劳务或生产产品所耗费的各种生产费用，构成了这些劳务或产品的成本，称为辅助生产费用。

　　对于耗用辅助生产车间提供的劳务或生产的产品的基本生产车间和有关车间、部门来说，辅助生产费用是基本生产产品成本和经营管理费用的一个重要组成部分。辅助生产劳务成本的高低，对于基本生产产品成本和经营管理费用的水平有着很大的影响；而且，只有辅助生产劳务成本确定以后，才能计算基本生产成本和经营管理费用。因此，及时、正确地组织辅助生产费用的归集和分配，对于企业降低成本、增加利润及准确计算产品成本，具有重要的意义。

　　（一）辅助生产费用的归集

　　辅助生产车间提供产品或劳务所发生的辅助生产费用必须进行正确核算。要实现这一目的，必须先设置两个账户。

　　1. 账户设置

　　（1）设置"生产成本——辅助生产成本"账户。辅助生产费用的核算要通过"生产成本——辅助生产成本"账户进行。该账户应按车间和劳务设置明细账，账中按照成本项目设立专栏进行明细核算。辅助生产中发生的各项费用，应记入该账户的借方；期末，按各受益产

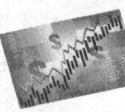

品或部门的受益数量分配后,从该账户贷方转入相关的受益账户。

(2)设置"制造费用——××车间"账户。辅助生产车间发生的间接费用的核算要通过"制造费用——××车间"账户进行。"××车间"是指辅助生产车间的名称,如"制造费用——供水车间"。当间接费用发生时记入该账户的借方;期末,按分配的数额从该账户的贷方转入"生产成本——辅助生产成本"账户的借方。

2. 辅助生产费用的归集

(1)提供一种产品或劳务的辅助生产车间。辅助生产车间只提供一种产品或劳务时,其发生的生产费用均是该种产品或劳务的直接费用。因此,在发生生产费用时,可以直接记入"生产成本——辅助生产成本"账户。

(2)提供多种产品或劳务的辅助生产车间。辅助生产车间提供多种产品或劳务时,应将"生产成本——辅助生产成本"账户按产品或劳务种类设置明细账户,并将提供各种产品或劳务所发生的直接费用,直接记入"生产成本——辅助生产成本"账户的相应明细账户内;对于间接费用先记入"制造费用——××车间"账户,然后采用一定的方法分配记入"生产成本——辅助生产成本"账户的相应产品或劳务的明细账户。辅助生产车间制造费用的分配与基本生产车间相同。

😊 **温馨提示**

若辅助生产车间规模很小、制造费用很少,而且辅助生产不对外提供商品产品,因而不需要按照规定的成本项目计算产品成本、编制产品生产成本报表的情况下,为了简化核算工作,辅助生产的制造费用也可以不通过"制造费用"账户单独归集,而直接记入"生产成本——辅助生产成本"账户。

通过对前面几个任务学习,我们已经知道工业企业生产经营过程中发生的各项要素费用,根据其发生的部门及其性质已分别记入"生产成本——基本生产成本"、"生产成本——辅助生产成本"和"制造费用"等账户。实质上,将辅助生产车间的制造费用分配后,"生产成本——辅助生产成本"账户的发生额就是辅助生产费用的总额。为了准确计算"生产成本——辅助生产成本"账户归集的生产费用数额,必须登记辅助生产成本明细账。

【例 2-13】 甲企业有供水和供电两个辅助生产车间,主要为本企业基本生产车间和行政管理部门等服务,供水车间本月发生费用 6 000 元,供电车间本月发生费用 30 000 元。根据相关凭证登记的辅助生产成本明细账见表 2-24 和表 2-25。

表 2-24　　　　　　　　　　辅助生产成本明细账

车间名称:供水车间　　　　　　　　　　　　　　　　　　　　单位:元

201×年 月	201×年 日	凭证号	摘　　要	材料	外购动力	人工费用	折旧费	水电费	保险费	其他	合计	转出	余额
8	31	(略)	材料费用	5 000							5 000		
			外购动力费用		1 000						1 000		
			人工费用			2 000					2 000		
			折旧费用				850				850		
			其他支出					420	260	70	750		
			分配辅助生产费用									9 600	
			合计	5 000	1 000	2 000	850	420	260	70	9 600	9 600	0

表 2-25 辅助生产成本明细账

车间名称：供电车间 单位：元

201×年		凭证号	摘 要	材料	外购动力	人工费用	折旧费	水电费	保险费	其他	合计	转出	余额
月	日												
8	31	(略)	材料费用	20 000							20 000		
			外购动力费用		5 000						5 000		
			人工费用			15 000					15 000		
			折旧费用				4 500				4 500		
			其他支出					2 000	1 000	500	3 500		
			分配辅助生产费用									48 000	
			合计	20 000	5 000	15 000	4 500	2 000	1 000	500	48 000	48 000	0

3. 辅助生产费用的分配

辅助生产车间为基本生产车间生产的产品、基本生产车间、其他辅助生产车间、行政管理部门等受益对象提供产品或劳务，其发生的费用也应由上述受益对象负担。因此，工业企业的辅助生产费用归集之后，需要按照一定程序、采用适当方法在各受益对象之间进行合理分配。也就是将归集在"生产成本——辅助生产成本"账户的辅助生产费用，在各受益对象之间按照其受益数量或比例进行分配，然后从"生产成本——辅助生产成本"账户的贷方分别转入"生产成本——基本生产成本"、"制造费用"、"管理费用"、"销售费用"账户的借方。

由于辅助生产车间提供劳务的种类和费用的分配程序不同，辅助生产费用分配应当采用不同方法。在实际工作中，辅助生产费用的分配方法通常包括直接分配法、顺序分配法、一次交互分配法、代数分配法和计划成本分配法。

（1）直接分配法。直接分配法是指各辅助生产车间发生的费用，直接分配给除辅助生产车间以外的各受益对象，不考虑各辅助生产车间之间相互提供产品和劳务的情况。

【例 2-14】 沿用[例 2-13]的资料，各辅助生产车间提供劳务数量情况见表 2-26。

表 2-26 辅助生产车间供应劳务数量情况表

（供水、供电）

受益对象	供水（立方米）	供电（度）
基本生产车间 A 产品		80 000
基本生产车间	70 000	35 000
供电车间	40 000	
供水车间		30 000
行政管理部门	3 500	2 000
独立销售机构	6 500	3 000
合计	120 000	150 000

采用直接分配法编制辅助生产费用分配表见表2-27。

表2-27 辅助生产费用分配表（直接分配法）

201×年8月 金额单位：元

受益单位	供水车间			供电车间			合计
	劳务数量（立方米）	分配率	分配金额	劳务数量（度）	分配率	分配金额	
A产品				80 000		3 000	32 000
基本生产车间	70 000		8 400	3 500		14 000	22 400
行政管理部门	35 000		420	2 000		800	1 220
独立销售机构	6 500		780	32 000		1 200	1 980
合计	80 000	0.12元/立方米	9 600	120 000	0.4元/度	48 000	57 600

注：供水车间分配率＝9 600÷80 000＝0.12(元/立方米)
　　供电车间分配率＝48 000÷12 000＝0.4(元/度)

根据表2-27编制如下会计分录：

借：生产成本——基本生产成本（A产品）　　　　　　　　　32 000
　　制造费用——基本生产车间　　　　　　　　　　　　　22 400
　　管理费用　　　　　　　　　　　　　　　　　　　　　1 220
　　销售费用　　　　　　　　　　　　　　　　　　　　　1 980
　　贷：生产成本——辅助生产成本（供水车间）　　　　　　　　9 600
　　　　　　　　——辅助生产成本（供电车间）　　　　　　　48 000

采用直接分配法，由于各辅助生产费用不在辅助车间之间分配，只是对外分配，计算简便。但当辅助生产车间相互提供产品或劳务量差异较大时，分配结果往往与实际不符。因此，这种方法只适用于辅助生产内部相互提供产品或劳务不多，不进行辅助费用的交互分配对产品成本影响不大的情况。

（2）顺序分配法。顺序分配法是指按照辅助生产车间相互提供劳务数额多少的顺序，依次排列分配辅助生产费用的方法。采用这种方法，将受益少的辅助生产车间排在前面，先进行分配；将受益多的辅助生产车间排在后面，后进行分配。这样，排列在前面的辅助生产车间将其发生的生产费用分配给排在后面的辅助生产车间，而排在后面的辅助生产车间发生的生产费用却不再分配给排在前面的辅助生产车间。排在后面的辅助生产车间的生产费用在进行分配时，应在原归集的生产费用的基础上，加上排在前面的辅助生产车间分配转入该辅助生产车间的生产费用，一并进行分配。

特别提醒

受益多少是指受益金额的大小，而不是指受益数量的多少。

【例2-15】 沿用[例2-13]和[例2-14]的资料，采用顺序分配法分配辅助生产费用。辅助生产费用分配表见表2-28。

表 2-28

辅助生产费用分配表(顺序分配法)

201×年 8 月 　　　　　　　　　　　　　　　　　金额单位:元

项　　目		供电车间	供水车间	合　　计
待分配辅助生产费用		48 000	19 200	67 200
劳务的供应量		150 000 度	80 000 立方米	
分配率		0.32 元/度	0.24 元/立方米	
供水车间	耗用数量	30 000 度		
	分配金额	9 600		9 600
A 产品	耗用数量	80 000 度		
	分配金额	25 600		25 600
基本生产车间	耗用数量	35 000 度	70 000 立方米	
	分配金额	11 200	16 800	28 000
行政管理部门	耗用数量	2 000 度	3 500 立方米	
	分配金额	640	840	1 480
独立销售机构	耗用数量	3 000 度	6 500 立方米	
	分配金额	960	1 560	2 520
合　　计		48 000	19 200	67 200

注:供电车间受益金额＝9 600÷120 000×40 000＝3 200(元)

供水车间受益金额＝48 000÷150 000×30 000＝9 600(元)

供电车间费用分配率＝48 000÷150 000＝0.32(元/度)

供水车间待分配金额＝9 600＋30 000×0.32＝19 200(元)

供水车间分配率＝19 200÷(120 000－40 000)＝0.24(元/立方米)

根据表 2-28 编制如下会计分录:

借:生产成本——辅助生产成本(供水车间) 　　　　　　　　　9 600

　　　　　　——基本生产成本(A 产品) 　　　　　　　　　　25 600

　制造费用——基本生产车间 　　　　　　　　　　　　　　　28 000

　管理费用 　　　　　　　　　　　　　　　　　　　　　　　1 480

　销售费用 　　　　　　　　　　　　　　　　　　　　　　　2 520

　贷:生产成本——辅助生产成本(供水车间) 　　　　　　　　19 200

　　　　　　　——辅助生产成本(供电车间) 　　　　　　　　48 000

顺序分配法计算较为简便,并且能有重点地反映辅助生产车间交互提供劳务的关系,比直接分配法更进了一步。但采用这种方法,排在前面的辅助生产车间不负担排在后面的辅助生产车间的费用,导致排在前面的辅助生产车间的费用归集不完整,不能全面反映辅助生产车间之间相互提供劳务的关系,影响了分配结果的准确性。因此,该方法适用于各辅助生产车间相互受益程度有明显顺序的企业。

(3)一次交互分配法。一次交互分配法是先将各辅助生产车间发生的费用,在各辅助生产车间之间交互分配,再将各辅助生产车间交互分配后的实际费用直接分配给其他受益单位的分配方法。计算步骤如下:

第一步,交互分配。计算公式如下:

某辅助生产车间交互分配率 = 该辅助车间归集的费用总额 ÷ 该辅助车间提供的劳务总量

某辅助生产车间应负担的辅助生产费用 ＝ 该辅助生产车间受益数量×辅助生产车间交互分配率

第二步,对外分配。计算公式如下:

$$\begin{matrix}辅助生产车间交互\\分配后的实际费用\end{matrix} = \begin{matrix}该车间直接\\发生费用\end{matrix} - \begin{matrix}交互分配\\转出费用\end{matrix} + \begin{matrix}交互分配\\转入费用\end{matrix}$$

$$\begin{matrix}某辅助生产车间\\的对外分配率\end{matrix} = \begin{matrix}该辅助生产车间交互\\分配后的实际费用\end{matrix} \div \begin{matrix}该辅助生产车间对\\外供应劳务总量\end{matrix}$$

$$\begin{matrix}某受益单位\\应负担费用\end{matrix} = \begin{matrix}该辅助生产车间\\的对外分配率\end{matrix} \times \begin{matrix}该受益单位该\\项劳务的耗用量\end{matrix}$$

【例 2-16】 沿用[例 2-13]和[例 2-14]的资料,采用一次交互分配法分配辅助生产费用。辅助生产费用分配表见表 2-29。

表 2-29

辅助生产费用分配表(一次交互分配法)

201×年8月　　　　　　　　　　　　　　　　金额单位:元

项目	分配费用	劳务量	分配率	分配额					
				供水车间	供电车间	A产品	基本生产车间	行政管理部门	独立销售机构
交互分配:									
供水车间	9 600	120 000 立方米	0.080 0 元/立方米			3 200			
供电车间	48 000	150 000 度	0.320 0 元/度	9 600					
小　计	57 600			9 600	3 200				
对外分配:									
供水车间	16 000	80 000 立方米	0.200 0 元/立方米				14 000.0	700.0	1 300.0
供电车间	41 600	120 000 度	0.346 7 元/度			27 736	12 134.5	693.4	1 036.1
合　计				9 600	3 200	27 736	26 134.5	1 393.4	2 336.1

注:(1)交互分配:
供水车间分配率＝9 600÷120 000＝0.08(元/立方米)
供电车间分配率＝48 000÷150 000＝0.32(元/度)
供水车间分配给供电车间水费＝40 000×0.08＝3 200(元)
供电车间分配给供水车间电费＝30 000×0.32＝9 600(元)
(2)供水车间对外分配:
供水车间实际费用＝9 600－3 200＋9 600＝16 000(元)
供水车间分配率＝16 000÷80 000＝0.2(元/立方米)
基本生产车间负担水费＝70 000×0.2＝14 000(元)
行政管理部门负担水费＝3 500×0.2＝700(元)
独立销售机构负担水费＝16 000－14 000－700＝1 300(元)
(3)供电车间对外分配:
供电车间实际费用＝48 000－9 600＋3 200＝41 600(元)
供电车间分配率＝41 600÷120 000≈0.346 7(元/度)
A产品负担电费＝80 000×0.346 7＝27 736(元)
基本生产车间负担电费＝35 000×0.346 7＝12 134.5(元)
行政管理部门负担电费＝2 000×0.346 7＝693.4(元)
独立销售机构负担电费＝41 600－27 736－12 134.5－693.4＝1 036.1(元)

特别提醒

在[例 2-16]中,"独立销售机构负担电费"的计算采用倒挤的办法,而不能采用乘法(3 000 ×0.346 7)。因为"供电车间分配率"没有除尽,若采用乘法计算会造成一定的误差。

根据表2-29编制如下会计分录:

交互分配：

借：生产成本——辅助生产成本(供水车间)　　　　　　　　　　　　9 600

　　　　　——辅助生产成本(供电车间)　　　　　　　　　　　　3 200

　贷：生产成本——辅助生产成本(供水车间)　　　　　　　　　　　　3 200

　　　　　——辅助生产成本(供电车间)　　　　　　　　　　　　9 600

对外分配：

借：生产成本——辅助生产成本(A 产品)　　　　　　　　　　　　27 736.0

　制造费用——基本生产车间　　　　　　　　　　　　26 134.5

　管理费用　　　　　　　　　　　　1 393.4

　销售费用　　　　　　　　　　　　2 336.1

　贷：生产成本——辅助生产成本(供水车间)　　　　　　　　　　　　16 000.0

　　　　　——辅助生产成本(供电车间)　　　　　　　　　　　　41 600.0

采用一次交互分配法，辅助生产车间内部相互提供产品或劳务全部进行交互分配，从而提高了分配结果的正确性，但计算工作量较大。因此，该方法适用于各辅助生产车间之间相互提供劳务数量较大，又有必要全面反映各辅助生产车间费用的企业。

(4) 代数分配法。代数分配法是在辅助生产车间之间相互提供产品或劳务的情况下，运用代数中多元一次方程的原理计算辅助生产费用的单位成本，进而计算出各受益单位耗用费用的一种辅助生产费用分配方法。这种分配方法分两步：先根据各辅助生产车间相互提供产品和劳务的数量，求解联立方程式，计算辅助生产产品或劳务的单位成本；再根据各受益单位耗用产品或劳务的数量和单位成本，计算分配辅助生产费用。

【例 2-17】　沿用[例 2-13]和[例 2-14]的资料，假设每立方米水的成本为 x，每度电的成本为 y，则联立方程式如下：

$$\begin{cases} 9\,600+30\,000y=120\,000x \\ 48\,000+40\,000x=150\,000y \end{cases}$$

解得：$\begin{cases} x=0.171\,4 \\ y=0.365\,6 \end{cases}$

用代数分配法编制辅助生产费用分配表见表 2-30。

表 2-30　　　　　　　　　**辅助生产费用分配表(代数分配法)**

201×年 8 月　　　　　　　　　　　　　　　　　　单位：元

项　　目	计量单位	分配率	合计	分配额					
				供水车间	供电车间	A 产品	基本生产车间	行政管理部门	独立销售机构
直接费用				9 600	48 000				
费用分配：									
供水车间	立方米	0.171 4 元/立方米	20 568		6 856		11 998	599.9	1 114.1
供电车间	度	0.365 6 元/度	54 856	10 968		29 248	12 796	731.2	1 112.8
合计			75 424	10 968	6 856	29 248	24 794	1 331.1	2 226.9

注：供水车间待分配生产费用=9 600+30 000×0.365 6=20 568(元)

供电车间待分配生产费用=48 000+40 000×0.171 4=54 856(元)

独立销售机构负担电费=54 856-10 968-29 248-12 796-731.2=1 112.8(元)

根据表 2-30 编制如下会计分录：

借：生产成本——辅助生产成本（供水车间）	10 968.0
——辅助生产成本（供电车间）	6 856.0
——基本生产成本（A 产品）	29 248.0
制造费用——基本生产车间	24 794.0
管理费用	1 331.1
销售费用	2 226.9
贷：生产成本——辅助生产成本（供水车间）	20 568.0
——辅助生产成本（供电车间）	54 856.0

采用代数分配法，辅助生产费用分配结果最正确，但在辅助生产车间较多的情况下，计算非常复杂。因此，该方法适用于已经实现会计电算化的企业。

（5）计划成本分配法。计划成本分配法是指辅助生产车间生产的产品或劳务，按照计划单位成本计算、分配辅助生产费用的方法。辅助生产为各受益单位提供的产品或劳务，一律按产品或劳务的实际耗用量和计划单位成本进行分配；辅助生产车间实际发生的费用（包括辅助生产交互分配转入的费用），与按计划成本分配转出的费用之间的差额，可以追加分配给辅助生产以外的各受益单位，为了简化计算工作，也可以全部记入"管理费用"账户。

【例 2-18】 沿用[例 2-13]和[例 2-14]的资料，假设供水车间每立方米水的计划单位成本为 0.17 元，供电车间每度电计划单位成本为 0.4 元，按计划成本分配法分配辅助生产费用。辅助生产费用分配表见表 2-31。

表 2-31　　　　　　　　　　　辅助生产费用分配表（计划成本分配法）

201×年 8 月　　　　　　　　　　　　　　　　　　金额单位：元

项　　目	供水车间		供电车间		合计
	供应数量（立方米）	分配金额	供应数量（度）	分配金额	
供水车间			30 000	12 000	12 000
供电车间	40 000	6 800			6 800
A 产品			80 000	32 000	32 000
基本生产车间	70 000	11 900	35 000	14 000	25 900
行政管理部门	3 500	595	2 000	800	1 395
专门销售机构	6 500	1 105	3 000	1 200	2 305
计划成本分配合计	120 000	20 400	150 000	60 000	80 400
实际成本		21 600		54 800	76 400
成本差异		+1 200		−5 200	−4 000

注：供水车间实际成本＝9 600＋12 000＝21 600（元）
　　供电车间实际成本＝48 000＋6 800＝54 800（元）

根据表 4-8 编制如下会计分录：

借:生产成本——辅助生产成本(供水车间)	12 000
——辅助生产成本(供电车间)	6 800
——基本生产成本(A 产品)	32 000
制造费用——基本生产车间	25 900
管理费用	1 395
销售费用	2 305
贷:生产成本——辅助生产成本(供水车间)	20 400
——辅助生产成本(供电车间)	60 000
借:生产成本——辅助生产成本(供电车间)	5 200
贷:生产成本——辅助生产成本(供水车间)	1 200
管理费用	4 000

采用计划成本分配法,简化和加速了分配的计算工作;按照计划单位成本分配,排除了辅助生产实际费用高低对各受益单位成本的影响,便于考核和分析各受益单位的经济责任;同时,还能够反映辅助生产车间产品或劳务的实际成本脱离计划成本的差异。但是,采用这种分配方法,辅助生产产品或劳务的计划单位成本必须比较接近实际,计算的结果才较合理。因此,该方法适用于计划成本资料较为健全,且计划成本较为准确的企业。

特别提醒

上述各种分配方法,各有各的适用范围,企业应当根据辅助生产车间的实际情况选择最适合的方法。在一般情况下,一个辅助生产车间只有一种最适合的分配方法。本任务例题之所以选择一个资料,是为了将各种方法的计算结果加以比较。

任务 2.6　制造费用的归集与分配

一、任务布置

【任务 2-6】　制造费用的归集与分配

接[任务 2-2]、[任务 2-3]、[任务 2-4]和[任务 2-5]的资料,鸿远企业基本生产车间的生产工时见表 2-32。

表 2-32　　　　　　　　　　　　　生产工时记录　　　　　　　　　　　　单位:小时

部门	甲产品	乙产品	丙产品	修复甲废品	修复丙废品
第一基本生产车间	240 000	156 000		4 000	
第二基本生产车间			275 000		5 000

要求:

(1)根据[任务 2-2]、[任务 2-3]、[任务 2-4]和[任务 2-5]的任务结果,归集鸿远企业 201× 年 9 月第一基本生产车间和第二基本生产车间发生的制造费用。

(2)请按生产工时分配两个基本生产车间的制造费用并作相关账务处理。

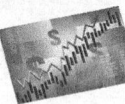

二、知识链接

【任务2-6-1】 制造费用的内容

2012级财会班的王琳在毕业实习时去了一家小型儿童服装生产公司,公司只有一个加工车间,4月份单位发生了以下费用开支:

(1) 生产车间为生产儿童服装领用布料。

(2) 车间服装加工工人和车间管理人员人工费。

(3) 生产领用纽扣、织线等辅助材料。

(4) 车间照明用电、动力用电。

(5) 办公楼、职工宿舍和车间厂房水电费和租金。

(6) 车间技术人员差旅费,车间办公费。

要求:请帮王琳对以上费用做一下分类,判断应该分别通过哪些账户来归集?

(一) 制造费用的概念与内容

1. 制造费用的概念

制造费用是指企业各个生产单位(分厂、生产车间)为组织和管理生产活动而发生的各项间接费用,以及为生产产品或提供劳务而发生的难以直接计入产品和劳务成本的各项费用。除了由辅助生产成本转入的应由制造费用承担的辅助生产费用以外,制造费用大多发生在各生产单位。

制造费用大多数是间接用于产品生产的费用,如生产车间管理人员薪酬、生产车间房屋折旧费、水电费等;还包括部分直接用于产品生产,但难于以直接计入产品成本,或者管理上不需要予以单独反映的费用,如机器设备的折旧费、低值易耗品摊销等。

？思考

是不是说生产单位内部除了直接费用以外的费用都应记入"制造费用"账户?

温馨提示

制造费用按照与产品产量的关系可以分为固定制造费用和变动制造费用,固定制造费用并不会随着产品产量的变动而变动,是为了给产品生产提供必要的生产条件,因此当企业想通过停产或减产来降低成本开支的时候,只能影响变动制造费用,所以并不是某个车间停产了,该车间便不会发生费用了。

另外,亏损产品其实有时也是不能随便停掉的,因为有的"亏损"产品,是因为负担了部分固定制造费用导致表面亏损,停掉它以后,由其负担的固定制造费用会转嫁到别的产品头上,可能会导致其他盈利产品也转为"亏损"。

2. 制造费用核算的内容

制造费用包含的内容很多,但概括起来包括以下内容:

(1) 人工费用:是指各生产单位管理人员和其他非生产人员的工资,以及按规定计提的职工福利费、社会保险费等货币性薪酬和非货币性福利。

(2) 固定资产折旧费:是指各生产单位对其所使用的固定资产计提的折旧费用。

(3) 水电费:是指各生产单位非生产性消耗的水电费,如照明用电等。生产性消耗的水电费应直接计入生产成本,若生产性消耗水电费较低,也可作为间接费用核算,以简化核算工作。

(4) 取暖费:是指各生产单位为保证生产经营的正常进行而发生的取暖费用。但支付的取暖津贴应作为直接人工费直接计入生产成本。

(5) 机物料消耗:是指各生产单位为维护生产设备和保持正常的生产环境而耗用的各种消耗材料,但不包括修理用材料和劳保材料。

(6) 劳动保护费:是指各生产单位发生的各种劳动保护费用,包括劳保用品、劳保设备费用、劳保用材料等。

(7) 低值易耗品摊销:是指各生产单位所使用的低值易耗品的摊销费用。

(8) 试验检验费:是指各生产单位对材料、在产品、产成品进行检验、分析等发生的费用。

(9) 差旅费:是指各生产单位人员因公出差或按国家规定探亲而报销的各种住宿费、交通费等。

(10) 租赁费:是指各个生产单位租入的固定资产和低值易耗品而发生的租赁费,但不包括融资租入固定资产的租赁费。

(11) 办公费:是指各个生产单位耗用的文具、印刷、邮电、办公用品等办公费用。

(12) 保险费:是指各个生产车间为使用和存放财产物资投保应负担的保险费用。

(13) 运输费:是指各个生产单位应负担的企业内部运输部门和企业外部运输单位所提供的运输劳务费用。

(14) 设计制图费:是指各个生产单位设计部门的日常经费,包括购置图纸和制图用品等费用,以及委托外单位设计图纸所支付的费用等。

(15) 其他:是指除上述费用以外的其他制造费用,如消防警卫费、仓库经费、停工损失等。

😊 温馨提示

制造费用归集的意义

由于制造费用和直接材料、直接人工共同构成生产成本,而且制造费用往往在生产成本中占有较大比重,因此制造费用的正确归集是一项非常重要的工作。

1. 正确归集制造费用是正确计算产品生产成本的保证

制造费用与直接材料、直接人工不同,无法直接计入相关产品的生产成本,而不同产品由于其生产工序不同,在各个生产车间的加工时间、所用加工工艺常常大相径庭,所以就必须分别按生产单位归集制造费用,并采取合理的方法在不同的产品中进行分配,只有这样才能正确地核算生产成本。因此,应注意分清制造费用与管理费用、制造费用与直接费用的界限;分清不同会计期间、不同生产单位发生的制造费用。

2. 正确归集制造费用是生产单位成本控制的需要

生产企业的成本控制方法有很多,只有做好分各个生产单位的制造费用归集,才能客观地考核和评价各生产单位的预算执行情况,从而促使各生产单位进一步加强制造费用的控制和管理,节约费用开支,降低生产成本。

3. 正确归集制造费用是企业进行成本分析、改进生产经营的前提

生产企业针对各生产单位进行成本分析,必须依据准确的各生产单位的成本费用资料,并通过对比,揭示所存在的问题,发现不合理的费用支出,既有利于以后成本预算的有效编制,也

有利于改进生产经营方式。

（二）制造费用的归集

1. 账户设置

（1）总分类账户。生产企业应设置"制造费用"总分类账户归集制造费用。该账户属于集合分配类的账户，借方反映当期发生的全部制造费用，贷方反映月末分配结转的数额，月末通常没有余额。

？思考

月末，"制造费用"账户在什么情况下可能有余额？

（2）明细分类账户。"制造费用"账户应当按照生产单位设置明细账户。基本生产车间必须按车间设置明细账户；辅助生产车间可根据情况选择是否设置明细账户。同时，每个生产单位的制造费用明细账都必须按照制造费用核算的主要内容设置专栏，在一般情况下，可设置如下专栏："人工费用"、"折旧费"、"水电费"、"取暖费"、"机物料消耗"、"劳动保护费"、"低值易耗品摊销"、"试验检验费"、"差旅费"、"租赁费"、"办公费"、"保险费"、"运输费"、"设计制图费"和"其他"。

☺温馨提示

如果辅助车间单独设置"制造费用"账户核算间接费用的，则可以比照基本车间制造费用的核算；如果辅助车间不单独设置"制造费用"账户，应将其全部记入"辅助生产成本"账户。

制造费用明细账账页应采用多栏式格式。

2. 制造费用的归集

【任务2-6-2】 制造费用的归集

青岛辰光公司主要生产 Φ4×100×100 和 Φ4×200×200 两种型号钢丝网，201×年3月，企业生产耗费有关资料见表2-33～表2-37。

表2-33

材料费用分配汇总表

201×年3月31日

金额单位：元

应借账户			共同耗用材料费用的分配					直接领用材料	合计
总账及二级账户	三级明细账户	成本项目	产量（立方米）	单位消耗定额（吨）	定额消耗用量（吨）	分配率	应分配材料费用		
基本生产成本	钢丝网（Φ4×100×100）	直接材料	9 000	0.002	18		58 500	300 000	358 500
	钢丝网（Φ4×200×200）	直接材料	12 000	0.001	12		39 000	200 000	239 000
	小计				30	3250	97 500	500 000	597 500
辅助生产成本	供水车间	直接材料						12 000	12 000
	供电车间	直接材料						16 000	16 000
	小 计							28 000	28 000
制造费用	基本生产车间	机物料消耗						20 000	20 000
管理费用		其他						26 000	26 000
合计							97 500	574 000	671 500

表 2-34

外购动力费用分配汇总表

201×年 3 月 31 日　　　　　　　　　　　　　金额单位:元

应借账户		成本项目	动力费用在产品之间分配		动力费用在部门之间分配	
			机器工时（小时）	分配金额（分配率:6.00）	用电度数（度）	分配金额（分配率:1.00）
基本生产成本	钢丝网(Φ4×100×100)	燃料及动力	1 800	10 800		
	钢丝网(Φ4×200×200)	燃料及动力	1 200	7 200		
	小　计		3 000	18 000	18 000	18 000
辅助生产成本	供水车间	燃料及动力			1 000	1 000
	供电车间	燃料及动力			200	200
	小　计				1 200	1 200
制造费用	基本生产车间	电费			500	500
管理费用		电费			300	300
合 计					20 000	20 000

表 2-35

人工费用分配汇总表

201×年 3 月 31 日　　　　　　　　　　　　　单位:元

应借账户		成本项目	工资总额	职工福利费	社会保险费	住房公积金	工会经费	职工教育经费	合计
基本生产成本	钢丝网(Φ4×200×200)	直接人工	38 115	175.00	2 660.00	1 155.00	770.00	560.00	43 435.00
	钢丝网(Φ4×100×100)	直接人工	47 885	255.00	3 360.00	1 425.00	950.00	730.00	54 605.00
	小计		86 000	430.00	6 020.00	2 580.00	1 720.00	1 290.00	98 040.00
辅助生产成本	供水车间	直接人工	13 872	69.36	971.04	416.16	277.44	208.08	15 814.08
	供电车间	直接人工	9 248	46.24	647.36	277.44	184.96	138.72	10 542.72
制造费用	基本生产车间		5 300	26.50	371.00	159.00	106.00	79.50	6 042.00
管理费用			24 500	152.00	1 715.00	735.00	490.00	367.50	27 959.50
应付职工薪酬——职工福利			5 900		413.00	177.00	118.00	88.50	6 696.50
销售费用			2 830	14.15	198.10	84.90	56.60	42.45	3 226.20
在建工程			850	4.25	59.50	25.50	17.00	12.75	969.00
合　计			148 500	742.50	10 395.00	4 455.00	2 970.00	2 227.50	169 290.00

表 2-36

企业折旧计算表

201×年 3 月　　　　　　　　　　　　　单位:元

应借账户	车间、部门	本月折旧额
制造费用	基本生产车间	23 212
辅助生产成本	供水车间	3 500
	供电车间	2 000
	小计	5 500

（续表）

应借账户	车间、部门	本月折旧额
管理费用	行政管理部门	4 500
销售费用	专设销售机构	2 000
其他业务成本	经营租出固定资产	1 200
合　计		36 412

表 2-37　　　　　　　　　　辅助生产费用分配汇总表（直接分配法）

201×年 3 月　　　　　　　　　　　　金额单位：元

受益对象	供水车间			供电车间			合计
	劳务数量（吨）	分配率	分配金额	劳务数量（度）	分配率	分配金额	
钢丝网（Φ4×100×100）	6 000		18 465.00	12 000		15 678.00	34 143.00
钢丝网（Φ4×200×200）	3 500		10 771.25	8 000		10 452.00	21 223.25
基本生产车间一般耗用	500		1 538.75	1 000		1 306.50	2 845.25
行政管理部门	350		1 077.13	800		1 045.20	2 122.33
独立销售机构	150		461.95	200		261.02	722.97
合　计	10 500	3.077 5	32 314.08	22 000	1.306 5	28 742.72	61 056.80

要求：

（1）根据原始凭证编制会计分录，登记制造费用明细账（见表 2-38）。

（2）讨论制造费用是如何归集的？

表 2-38　　　　　　　　　　　制造费用明细账

青岛辰光公司基本生产车间

201×年		凭证号数	摘要	借　方						贷方
月	日			人工费用	折旧费	低值易耗品摊销	机物料消耗	水电费	其他	

3. 制造费用的分配

制造费用归集到每个生产单位之后，必须将其分配计入相应产品的成本中。由于工业企业日常制造费用核算是按生产单位进行归集的，所以当某生产单位只生产一种产品时，月末就可以直接将所归集的制造费用转入"生产成本"账户，由相应的产品成本承担。若生产单位生产多种产品的，就应该采用适当的方法将制造费用在各个受益对象之间进行分配。

制造费用分配的关键在于正确选择分配标准，能否正确计算产品生产成本取决于制造费用的分配标准是否选择合理。选择分配标准时应注意：分配标准与制造费用之间必须存在客观的因果关系;分配标准应是各受益对象所共有的因素;各受益对象所耗用分配标准的数据资料应是现成的会计资料或统计资料,至少是可以客观计量的。

符合上述要求的制造费用的分配标准有很多,如生产工人工时、生产工人工资、机器工时、直接材料成本、直接材料数量、直接成本、标准产量等。与此相应,制造费用的分配方法也有很多种,如生产工人工时比例法、生产工人工资比例法、机器工时比例法和年度计划分配率分配法等。

(1) 生产工人工时(生产工人工资、机器工时)比例法。其计算公式如下:

$$某生产单位制造费用分配率 = \frac{该生产单位本期归集的制造费用总额}{该生产单位本期发生的生产工人总工时(生产工人总工资、机器总工时)}$$

$$某产品应负担的制造费用 = 该种产品耗用的生产工人工时(生产工人总工资、机器总工时) \times 该生产单位制造费用分配率$$

【例2-19】 甲企业纺纱车间本月生产18支、24支、32支三个品种的棉纱,归集制造费用共计90 000元,采用直接工人工时作为分配标准。相关资料见表2-39。

表2-39 制造费用分配表

纺纱车间　　　　　　　　　　　　　201×年8月　　　　　　　　　　　　金额单位:元

项　　目	18支纱	24支纱	32支纱	合计
产量(磅)	450 000	585 000	705 000	—
直接人工工时(小时)	45 000	60 000	75 000	180 000
本月制造费用总额	—	—	—	90 000
制造费用分配率	—	—	—	0.5
制造费用分配额	22 500	30 000	37 500	90 000

注:制造费用分配率=90 000÷180 000=0.5(元/小时)
　　18支纱制造费用分配额=0.5×45 000=22 500(元)
　　24支纱制造费用分配额=0.5×60 000=30 000(元)
　　32支纱制造费用分配额=0.5×75 000=37 500(元)

根据表2-39编制如下会计分录:

借:生产成本——基本生产成本(18支纱)　　　　　　　　　　　　　　22 500
　　　　　　——基本生产成本(24支纱)　　　　　　　　　　　　　　30 000
　　　　　　——基本生产成本(32支纱)　　　　　　　　　　　　　　37 500
　　贷:制造费用——纺纱车间　　　　　　　　　　　　　　　　　　　90 000

【任务2-6-3】 生产工人工时比例法

接[任务2-6-2],根据青岛辰光公司本月制造费用账户已经归集的数据,采用生产工人工时作为分配标准。

表2-40 制造费用分配表

基本生产车间　　　　　　　　　　　　201×年3月　　　　　　　　　　金额单位:元

项　　目	生产工人工时(小时)	分配率	分配额
钢丝网(Φ4×100×100)	2 000		
钢丝网(Φ4×200×200)	1 500		
合计	3 500		

要求:填制青岛辰光公司本月制造费用分配表并编制相关会计分录。

【任务2-6-4】 生产工人工资比例法

接[任务2-6-2]，根据青岛辰光公司本月"制造费用"账户已经归集的数据，采用生产工人工资作为分配标准。其中生产工人工资数据参见表2-35人工费用分配汇总表。

表2-41 制造费用分配表

基本生产车间   201×年3月   单位:元

项　　目	生产工人工资	分配率	分配额
钢丝网(Φ4×100×100)			
钢丝网(Φ4×200×200)			
合计			

要求:填制青岛辰光公司本月制造费用分配表并作相关账务处理。

【任务2-6-5】 制造费用的分配

接[任务2-6-2]，根据青岛辰光公司本月"制造费用"账户已经归集的数据，采用机器工时作为分配标准。其中机器工时数据参见表2-34外购动力费用分配汇总表。

表2-42 制造费用分配表

基本生产车间   201×年3月   金额单位:元

项　　目	机器工时(小时)	分配率	分配额
钢丝网(Φ4×100×100)			
钢丝网(Φ4×200×200)			
合计			

要求:填制青岛辰光公司本月制造费用分配表并作相关账务处理。

(2) 年度计划分配率法。年度计划分配率法是指无论各月实际发生的制造费用是多少，各月各种产品成本负担的制造费用均按年度计划确定的计划分配率分配的方法。采用年度计划分配率法分配制造费用的程序如下:

首先，根据企业正常生产经营条件下的各生产单位制造费用的年度预算和年度计划产量的定额生产工时计算确定计划分配率。其计算公式如下:

$$某生产单位制造费用计划分配率 = \frac{该生产单位年度制造费用预算总额}{该生产单位计划产量的生产工时定额总量}$$

$$\begin{matrix}某产品应负担\\的制造费用\end{matrix} = \begin{matrix}该种产品当月按实际产量\\计算的定额直接人工工时\end{matrix} \times \begin{matrix}该生产单位制造\\费用计划分配率\end{matrix}$$

其次，根据各月的实际产量的标准生产工时和计划分配率分配当月制造费用。

再次，年末，采用适当的方法调整按计划分配率计算分配的制造费用和实际发生的制造费用的差额。

按年度计划分配率计算分配的制造费用和实际发生的制造费用的差额的处理方法大致有两种:一种是年末追加调整，多退少补;另一种是将差额并入12月的制造费用并改按各产品的生产工时进行分配。由于第二种做法已经讲过，本书将介绍第一种做法。

【例2-20】 甲企业服装分厂生产西服和童装两种产品，西服的直接人工工时定额为20工时，童装的直接人工工时定额为8工时，201×年全年制造费用预算为400 000元，计划生产西服8 000套，童装5 000套。

（1）计算年度计划分配率：

$$年度计划分配率 = \frac{400\ 000}{20 \times 8\ 000 + 8 \times 5\ 000} = 2(元／工时)$$

（2）若该分厂 201× 年 6 月份实际归集制造费用 28 800 元，共生产西服 600 套，童装 800 套，则 6 月份制造费用分配表见表 2-43。

表 2-43 　　　　　　　　　　　　　 **制造费用分配表**

服装分厂　　　　　　　　　　　　　 201× 年 6 月　　　　　　　　　　　　 金额单位：元

项　目	西服	童装	合计
实际产量（件）	600	800	—
直接人工工时定额（小时）	20	8	—
直接人工工时总定额（小时）	12 000	6 400	18 400
计划分配率	2	2	2
制造费用分配额	24 000	12 800	36 800

根据表 2-43 编制如下会计分录：

借：生产成本——基本生产成本（西服）　　　　　　　　　　24 000

　　　　　　——基本生产成本（童装）　　　　　　　　　　12 800

　　贷：制造费用——服装分厂　　　　　　　　　　　　　　　36 800

6 月份分配结转制造费用共计 36 800 元，比实际归集的制造费用多分配 8 000 元，平时不作调整，留待年末再调整。

（3）年末的处理：假定服装分厂 201× 全年实际共归集制造费用 412 000 元，已采用年度计划分配率法分配 400 000 元，其中西服分配 250 000 元，童装分配 150 000 元。属于少分配了 12 000 元，应进行追加调整如下：

追加调整分配率＝12 000÷400 000＝0.03

西服应调增生产成本＝0.03×250 000＝7 500(元)

童装应调增生产成本＝12 000－7 500＝4 500(元)

编制如下会计分录：

借：生产成本——基本生产成本（西服）　　　　　　　　　　7500

　　　　　　——基本生产成本（童装）　　　　　　　　　　4500

　　贷：制造费用——服装分厂　　　　　　　　　　　　　　　12 000

由于生产工时是分配间接费用的常用标准之一，因此生产工人工时比例法较为常用；生产工人工资比例法适用于各种产品生产机械化程度相差不大的企业，如果生产工人工资是按照生产工时比例分配的，该方法实际上等同于生产工人工时比例法；机器工时比例法是按照各产品生产所用机器设备运转时间的比例分配制造费用的方法，适用于产品生产的机械化程度较高的车间；按年度计划分配率分配法是按照年度开始前确定的全年适用的计划分配率分配费用的方法，分配率的计算公式的分母按定额工时计算，年度内如果发生全年的制造费用实际数与计划数差别较大，应及时调整计划分配率，该方法特别适用于季节性生产企业。

？思考

若年末服装分厂实际共归集制造费用 392 000 元，已采用年度计划分配率法分配 400 000

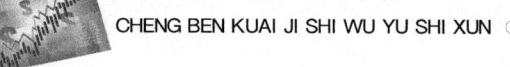

元,其中西服分配 250 000 元,童装分配 150 000 元。年末该如何调整?

 温馨提示

工业企业的基本生产车间和辅助生产车间的制造费用都可以采用上述分配方法。每个车间的制造费用都在其内部分配给其相应的成本计算对象。

任务 2.7　生产损失的核算

一、任务布置

【任务 2-7】　废品损失的核算

接[任务 2-2]、[任务 2-3]、[任务 2-4]、[任务 2-5]和[任务 2-6]的资料,鸿远企业 201×年 9 月本月完工入库时发现不可修复甲废品 12 件,其中 4 件由责任人的过失造成,令其赔偿 1 000 元。回收残料估价 997.2 元;不可修复丙废品 2 件,回收残料估价 1 200 元。不可修复废品的成本按定额成本计算(见表 2-44)。

表 2-44　　　　　　　　　不可修复废品的单件定额成本资料　　　　　　　　单位:元

产品名称	直接材料	直接人工	制造费用	合计
甲产品	350	120	70	540
丙产品	850	600	600	2 050

说明:废品净损失全部由产成品成本负担。

要求:

(1) 计算本月鸿远企业不可修复废品成本。

(2) 结合[任务 2-2]、[任务 2-3]和[任务 2-6]中可修复废品资料,计算鸿远企业可修复废品成本。

(3) 进行相关的账务处理。

二、知识链接

生产损失是指企业生产过程中或由于生产原因发生的各种损失。企业生产工艺水平、材质、工人的素质、企业管理水平、停工等都可能使企业产生生产损失。按生产损失产生的原因不同,可将生产损失分为废品损失和停工损失。

生产过程中发生的损失,不仅会使企业的经济效益下降,而且也是人力、财力、物力的极大浪费,严重时甚至会影响企业的正常生产。因此,正确核算生产损失,找出产生损失的原因,有利于明确经济责任,加强企业管理。

(一) 废品损失的核算

【任务 2-7-1】　废品损失的核算

某小型棉纱厂的仓库保管员由于一时疏忽,致使一批棉纱受潮发霉,无法使用,其价值为

1 200 元。该厂管理人员一方面通过扣发该保管员 400 元工资进行惩罚与损失赔偿,另一方面让会计人员将其余损失列为废品损失。会计人员对上述事项所做的会计处理如下:

借:废品损失——×棉纱 800
　　其他应收款——保管员 400
　　贷:库存商品——×棉纱 1 200

讨论:

(1) 仓库里的棉纱是否为企业的库存商品?

(2) 库存商品的毁损如何进行账务处理?

(3) 棉纱的损失是否为废品损失? 为什么?

(4) 该厂的会计处理是否合理? 如不合理请列示正确的会计处理方法。

1. 废品及废品损失的概念

废品是指在生产过程中发现的不符合规定技术标准,不能按照原定用途使用,或者需要加工修理后才能使用的在产品、半成品和产成品。废品按照不同的标准可划分为不同的类型,见图 2-2。

废品
　按其产生的原因
　　工废品:由于工人操作方面的过失而产生的废品,其损失应主要由操作工人赔偿。
　　料废品:用来加工产品的原材料、外购半成品及零部件等不符合质量要求而造成的废品,其损失应由同种产品的产成品成本负担。
　按其是否可修复
　　可修复废品:经过修理可以使用,并且花费的修复费用在经济上合算的废品。
　　不可修复废品:不能修复或者所花费的修复费用在经济上不合算的废品。

图 2-2 废品的分类

废品损失是指由于废品的产生而形成的损失性费用。主要包括在生产过程中发生的和入库后发现的不可修复废品的生产成本,以及可修复废品的修复费用,扣除回收的废品残料价值和应收赔款以后的损失。该损失应由同种产品的完工产品的成本负担,所以废品损失的发生会使产成品成本升高。

温馨提示

下列各项发生的损失不属于废品损失:

(1) 经质量检验部门鉴定不需要返修、可以降价出售的不合格品。

(2) 实行包修、包退、包换"三包"的企业,在产品出售以后退回的废品,损失应记入"销售费用"账户。

(3) 产品入库后,由于管理不善等原因而损坏或变质的废品,属于管理上的问题,其损失应记入"管理费用"账户。

2. 废品损失的核算

为单独核算废品损失,应增设"废品损失"账户,在成本计算单(或生产成本明细账)的成本项目中增设"废品损失"成本项目。"废品损失"账户用来归集和分配废品的损失性费用。该账户的借方登记从成本计算单(或生产成本明细账)转入的不可修复废品的生产成本和归集的可修复废品的修复费用;贷方登记回收的残料价值和应收的赔偿款款,以及结转到成本计算单(或生产成本明细账)"废品损失"成本项目的废品净损失,期末无余额。该账户的明细账应按成本计算对象设置,并按成本项目设专栏。

实践中,企业质检部门或产生废品的单位(分厂、车间或班组)发现废品时,填制一式三联的"废品通知单",作为核算废品损失的主要原始凭证。"废品通知单"应包括的内容有:①废品的种类和数量。②产生废品的原因、过失人责任和废品的生产工时。③可修复废品的修复费用。④不可修复废品的生产成本。只有审核无误的"废品通知单",才能作为核算废品损失的原始凭证。

废品损失也可以不单独核算,相应费用等体现在"基本生产成本"、"原材料"等账户中。辅助生产一般不单独核算废品损失。

(1)可修复废品损失。可修复废品是指经过修复可以重新入库出售的产品。它给企业带来的损失就是在修复过程中发生的各项修复费用,这些费用最终由该类产品的成本负担。所以,修复费用的归集和分配成为可修复废品核算的主要内容。

可修复废品的修复费用包括材料费用、人工费用和制造费用等,这些费用发生时应根据相关原始凭证归集到"废品损失"账户。材料费用根据"材料费用分配汇总表"归集;外购动力费用根据"外购动力费用分配汇总表"归集;人工费用根据"人工费用分配汇总表"归集;制造费用根据"制造费用分配表"归集。月末,将归集的修复费用转入同种产品的"生产成本"账户。这样,修复费用由完工的全部产品负担,加大了该种产品的完工产品总成本和单位成本。

【例2-21】 甲企业加工车间生产乙产品,201×年8月验收入库时发现12件可修复废品,已修复入库。根据"材料费用分配汇总表"提供的资料,修复乙产品领用材料的实际成本为600元。根据"人工费用分配汇总表"和"制造费用分配表"提供的资料,乙产品在修复过程中耗用工时100小时,根据计算,每小时工资率为10元,每小时制造费用5元。由此可知,废品应负担的工资费为1 000元,职工福利费用为105元,工会经费为20元,职工教育经费为15元,社会保险费为230元,住房公积金为130元;制造费用为500元。

根据上述资料编制如下会计分录:

借:废品损失——乙产品	2 600
贷:原材料	600
应付职工薪酬——工资	1 000
——职工福利	105
——工会经费	20
——职工教育经费	15
——社会保险费	230
——住房公积金	130
制造费用	500
借:生产成本——基本生产成本(乙产品)	2 600
贷:废品损失——乙产品	2 600

 **特别提醒**

可修复废品在修复过程中发生的各种修复费用,和正常生产发生的费用一样归集分配,计入各种费用分配汇总表(如材料费用分配汇总表、人工费用分配汇总表等),并根据各种费用分配汇总表统一编制会计分录。因此,在实践中,[例2-21]中的第一个分录是不存在的,它应当分散在各种费用分配的会计分录中。

（2）不可修复废品损失。不可修复废品的净损失是指不可修复废品的生产成本减去残料价值及应收赔偿款后的余额。不可修复废品的生产成本包括直接材料、直接人工和制造费用等项目。这些费用与同种合格品的成本是同时发生的，已计入了该种产品的成本计算单（或生产成本明细账）。因此，应将不可修复废品的生产成本采用一定的方法从产品成本计算单（或生产成本明细账）中结转出来。结转的方法可以根据生产的特点和管理的要求采用实际成本法和定额成本法。

其一，实际成本法。实际成本法是指按废品所耗实际费用计算废品损失，按成本项目将各种费用在合格品和废品之间进行分配。当原材料是在开始生产时一次投入的，材料费用可按合格品与废品的数量的比例分配；如果不是在开始生产时一次投入的，则可采用适当的方法，将废品折合成合格品数量进行分配。其余成本项目可按合格品和废品的数量比例，也可按合格品和废品的工时比例进行分配。其计算公式如下：

$$材料费用分配率 = \frac{材料费用总额}{合格品数量 + 废品数量}$$

$$废品的材料费用 = 废品数量 \times 材料费用分配率$$

$$其他费用分配率 = \frac{某项其他费用数额}{合格品数量（或工时） + 废品数量（或工时）}$$

$$废品的其他费用 = 废品数量（或工时） \times 其他费用分配率$$

【例 2-22】　甲企业生产乙产品，201×年 8 月合格品为 190 件，不可修复废品为 10 件。共发生工时 20 000 小时，其中废品工时 1 500 小时；共发生费用 212 000 元，其中直接材料 80 000元，燃料及动力 12 000 元，直接人工 44 000 元，制造费用 76 000 元。原材料系生产开始时一次投入。回收残料 280 元，由责任人王刚赔偿 500 元。废品净损失由同种产品的合格品成本负担。根据上述资料编制不可修复废品损失计算表，见表 2-45。

表 2-45　　　　　　　　　　不可修复废品损失计算表

产品名称：乙　　　　　　　　　　201× 年 8 月 31 日　　　　　　　　　金额单位：元

项　　目	直接材料	燃料及动力	直接人工	制造费用	合计
费用总额	80 000	12 000	44 000	76 000	212 000
合格品数量（件）	190				
废品数量（件）	10				
合格品工时（小时）		18 500	18 500	18 500	
废品工时（小时）		1 500	1 500	1 500	
费用分配率	400	0.6	2.2	3.8	
废品成本	4 000	900	3 300	5 700	13 900
减：回收残值	280				
减：责任人赔偿			500		
废品损失	3 720	900	2 800	5 700	13 120

根据表 2-45 不可修复废品损失计算表，编制如下会计分录：

（1）结转不可修复废品的生产成本：

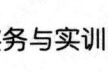

借:废品损失——乙产品　　　　　　　　　　　　　　　　　　　13 900
　　贷:生产成本——基本生产成本(乙产品)　　　　　　　　　　　13 900
(2)应收赔偿款:
借:其他应收款——王刚　　　　　　　　　　　　　　　　　　　500
　　贷:废品损失——乙产品　　　　　　　　　　　　　　　　　　500
(3)回收残料:
借:原材料　　　　　　　　　　　　　　　　　　　　　　　　　280
　　贷:废品损失——乙产品　　　　　　　　　　　　　　　　　　280
(4)结转废品净损失:
借:生产成本——基本生产成本(乙产品)　　　　　　　　　　　　13 120
　　贷:废品损失——乙产品　　　　　　　　　　　　　　　　　　13 120

　　其二,定额成本法。定额成本法是指企业按照废品的数量和各项费用定额计算废品损失的方法。

【例 2-23】　甲企业车间加工 A 产品,201×年 8 月共完成合格品 1 000 件,不可修复废品 20 件,每件废品的定额成本为:直接材料 20 元,燃料及动力 4 元,直接人工 10 元,制造费用 8 元。根据责任鉴定应由责任人王红赔偿 80 元,回收残料价值 50 元。废品净损失由同种产品的合格品成本负担。根据以上资料编制不可修复废品损失计算表,见表 2-46。

表 2-46　　　　　　　　　　　　　　不可修复废品损失计算表
产品名称:A　　　　　　　　　　　201× 年 8 月 31 日　　　　　　　　　　　单位:元

项目	直接材料	燃料及动力	直接人工	制造费用	合计
单件费用定额	20	4	10	8	42
废品定额成本	400	80	200	160	840
减:回收残值	50				50
减:责任人赔偿			80		80
废品净损失	350	80	120	160	710

　　根据表 2-46 编制如下会计分录:
(1)结转不可修复废品的生产成本:
借:废品损失——A 产品　　　　　　　　　　　　　　　　　　　840
　　贷:生产成本——基本生产成本(A 产品)　　　　　　　　　　　840
(2)应收赔偿款:
借:其他应收款——王红　　　　　　　　　　　　　　　　　　　80
　　贷:废品损失——A 产品　　　　　　　　　　　　　　　　　　80
(3)回收残料:
借:原材料　　　　　　　　　　　　　　　　　　　　　　　　　50
　　贷:废品损失——A 产品　　　　　　　　　　　　　　　　　　50
(4)结转废品净损失:
借:生产成本——基本生产成本(A 产品)　　　　　　　　　　　　710
　　贷:废品损失——A 产品　　　　　　　　　　　　　　　　　　710

【例 2-24】 根据[例 2-21]和[例 2-22],登记 201×年 8 月乙产品废品损失明细账,见表 2-47。

表 2-47　　　　　　　　　　　　　废品损失明细账

产品名称:乙产品

201×年		凭证号码	摘　要	直接材料	燃料及动力	直接人工	制造费用	合计
月	日							
8	31	(略)	可修复废品修复费用	600		1 500	500	2 600
8	31		转入不可修复废品的生产成本	4 000	900	3 300	5 700	13 900
8	31		回收残料价值	280				280
8	31		应收赔偿款			500		500
8	31		转出废品净损失	4 320	900	4 300	6 200	15 720

？思考

接[例 2-21]和[例 2-22],如果甲企业不单独核算废品损失,应该怎样进行账务处理? 怎样登记相关明细账?

(二)停工损失的核算

停工损失是指企业生产单位在停工期间发生的各项费用,包括停工期内发生的材料、燃料费,应支付的生产工人的工资,应计提的职工福利费、工会经费、职工教育经费、社会保险费和住房公积金,以及应分配的制造费用等。

停工的原因多种多样,主要有季节性生产、机器设备大修理、原材料和半成品供应不及时、生产任务下达不及时、意外事故及自然灾害等。造成停工的责任单位有外部责任单位和内部责任单位。具体分析,外部责任单位主要有供水部门、供电部门和材料供应商等;内部责任单位主要有生产单位的管理部门、工艺设计部门、质量检验部门、仓库及有关部门负责人、技术人员、操作人员等。

特别提醒

不满一个工作日的停工,一般不计算停工损失。

企业发生停工时,应由生产车间或班组填制停工报告单。停工报告单是计算停工损失的主要原始凭证,应由生产单位有关人员填写,报送厂部有关部门。停工报告单应列明停工范围、时数、原因及过失单位,并要查明原因,明确责任单位或个人。只有审核无误的停工报告单,才能作为核算停工损失的原始凭证。

对停工损失核算的方法包括:单独核算停工损失和不单独核算停工损失。

1. 单独核算停工损失

企业单独核算停工损失时,为了考核和控制企业停工期间发生的各项费用,应设置"停工损失"账户,并在成本计算单中增设"停工损失"成本项目。"停工损失"账户借方登记生产单位发生的各项停工损失,贷方登记应索赔的停工损失和分配结转的停工净损失(停工期间发生的各项费用减去应收索赔款后的余额);月末无余额。停工损失明细账应按生产单位设置。

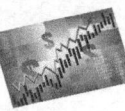

　　停工期间发生的各项费用应根据"材料费用分配汇总表"、"外购动力费用分配汇总表"、"人工费用分配汇总表"和"制造费用分配表"等原始凭证提供的资料归集,按照停工发生的原因进行分配结转。对于停工损失应向过失单位或保险公司索赔的款项转入"其他应收款"账户;对于自然灾害等引起的非正常停工损失应转入"营业外支出"账户;其他停工损失,如季节性和固定资产修理期间的停工损失,应转入"生产成本——基本生产成本(××产品)"账户,由该生产单位生产的产品负担。

　　【例 2-25】　甲企业第一基本生产车间生产甲产品,本月由于设备故障停工 5 天,根据"人工费用分配汇总表"和"制造费用分配表"等原始凭证提供的资料可知,停工期间应负担的人工费用为 3 192 元,应分配的制造费用 900 元,其损失计入甲产品成本;第二基本生产车间生产乙产品,由于外部供电线路原因停工 3 天,根据相关资料可知,停工期间损失材料费用 3 000元,应负担的人工费用为 2 280 元,应分配的制造费用 880 元,供电局已同意赔偿 3 500 元,其余净损失计入营业外支出。根据资料,甲企业编制如下会计分录:

　　(1) 归集停工损失:

```
借:停工损失——一车间                                            4 092
          ——二车间                                            6 160
  贷:原材料                                                     3 000
      应付职工薪酬                                               5 472
      制造费用——一车间                                          900
              ——二车间                                          880
```

　　(2) 应收赔偿款:

```
借:其他应收款——供电局                                          3 500
  贷:停工损失——二车间                                          3 500
```

　　(3) 结转停工净损失:

```
借:生产成本——一车间(甲产品)                                    4 092
   营业外支出                                                   2 660
  贷:停工损失——一车间                                          4 092
              ——二车间                                          2 660
```

　　2. 不单独核算停工损失

　　在停工损失较少的企业,为简化核算,也可不单独核算停工损失。不单独核算停工损失的企业,不设置"停工损失"账户。停工期间发生的属于停工损失的各种费用,直接记入"其他应收款"、"营业外支出"等账户。

　　【例 2-26】　沿用[例 2-25]的资料,不单独核算停工损失的会计处理如下:

```
借:其他应收款——供电局                                          3 500
   生产成本——一车间(甲产品)                                    4 092
   营业外支出                                                   2 660
  贷:原材料                                                     3 000
      应付职工薪酬                                               5 472
      制造费用——一车间                                          900
              ——二车间                                          880
```

任务2.8　生产费用在完工产品和在产品之间分配的核算

一、任务布置

【任务 2-8】　废品损失的核算

接[任务 2-2]、[任务 2-3]、[任务 2-4]、[任务 2-5]、[任务 2-6]和[任务 2-7]的资料，鸿远企业201×年9月甲产品完工2 210件，月末在产品为80件。月初在产品成本为27 858元，其中直接材料20 500元，直接人工3 500元，制造费用3 858元。材料在生产开始时一次投入，产品完工程度为80%；乙产品无月初在产品，本月投产的880件全部完工；丙产品无月初在产品，本月投产的350件全部未完工。甲产品采用约当产量法计算完工产品和月末在产品成本。

要求：结合[任务 2-2]、[任务 2-3]、[任务 2-4]、[任务 2-5]、[任务 2-6]和[任务 2-7]的资料，计算各种产品的完工产品成本和月末在产品成本。

二、知识链接

（一）生产费用在完工产品和在产品之间分配的模式

企业产品成本核算的目的，就是为了归集生产费用，计算出完工产品的总成本和单位成本。企业在生产过程中发生的生产费用，经过一定的程序在各种产品之间进行分配和归集后，本月应计入各种产品成本的生产费用，都已集中在按产品开设的生产成本明细账中。当月月初和月末没有在产品时，生产成本明细账中归集的生产费用就是本月完工产品的总成本；当月月初或月末有在产品、没有完工产品时，生产成本明细账中归集的生产费用就是月末在产品的生产成本；当本月既有完工产品又有月末在产品时，就需要按照一定的方法将生产费用在完工产品和月末在产品之间进行分配。

月初在产品成本、本月发生的生产费用、本月完工产品成本和月末在产品成本四者之间的关系可以用下式表示：

月初在产品成本＋本月发生的生产费用 ＝ 本月完工产品成本＋月末在产品成本

式中，等号的左边相当于费用的来源，等号的右边相当于费用的归属。月初在产品成本与本月发生的生产费用之和为费用合计数，是待分配的生产费用，应在完工产品和月末在产品之间进行分配。分配时一般有以下三种方法：

（1）先计算完工产品成本，再用费用合计数减去已确定的完工产品成本，就是月末在产品成本。即：月末在产品成本＝月初在产品成本＋本月发生的生产费用－本月完工产品成本。

（2）先计算月末在产品成本，再用费用合计数减去已确定的月末在产品成本，就是本月完工产品成本。即：本月完工产品成本＝月初在产品成本＋本月发生的生产费用－月末在产品成本。

（3）采用适当的方法，同时计算出完工产品成本和月末在产品成本。

企业无论采用上述哪一种方法，都必须正确组织在产品的数量核算，取得在产品收入、发出和结存的数量资料，这是正确计算完工产品成本的前提。

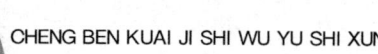

（二）在产品概述

1. 在产品涵义

工业企业的在产品是指没有完成全部生产过程的产品,它有广义和狭义之分。从广义上看,在产品包括正在车间加工中的在产品;已经完成一个或几个生产步骤,但有待继续加工的零、部件和半成品,以及尚未验收入库的产成品、正在返修和等待返修的废品等。从狭义上看,在产品是指在某车间或某生产步骤正在加工中的那部分在产品和尚未验收入半成品库的半成品。例如,某生产车间生产甲产品,需经历两个步骤,其中完成第一个步骤的半成品,从广义上看是在产品,从狭义上看则是自制半成品。

2. 在产品特点

企业的在产品一般具有如下特点:

（1）流动性大。在工业生产中,从原材料投入到产成品产出,中间往往经过若干道生产工序。企业的在产品从一道工序转入另一道工序,可能发生一定损耗,需要一定时间。

（2）完工程度不同。期末停留在各个工序的在产品往往处于不同的加工程度,因而每道工序的在产品体现出了不同的完工程度。

（3）种类繁多。在一般情况下,在产品的品种规格繁多,装配式生产的企业尤为突出。

（4）成本计算复杂。由于在产品具有品种规格多、流动性大、各个加工步骤的完成程度不同等特点,导致其成本计算较为复杂。

3. 在产品数量的核算

在产品数量的核算是进行在产品成本计算的基础。在产品数量的核算,同其他物资数量的核算一样,应同时具备账面核算资料和实际盘点资料。这就要求企业既要做好在产品收发存的日常核算工作,又要做好在产品的盘点清查工作。企业计算在产品成本时,应当根据在产品实际盘存数量确定期末在产品结存数量,但对于在产品品种多、数量大、每月都要组织在产品实地盘点确有困难的企业,难以对在产品进行盘点的企业和可实施盘点但成本费用过高的企业,从重要性会计信息质量要求出发,可以直接根据在产品账面核算资料中所登记的结存数来计算在产品成本。

实务中,车间对在产品收发结存的日常核算,通常通过"在产品收发结存账"来进行。这种账又称"在产品台账",应分别车间或生产步骤、生产工序、产品品种和在产品名称予以设立,反映车间各种在产品的收入、发出和结存情况。各车间应认真做好在产品的计量、验收和交接工作,并应根据领料单、在产品内部转移单、产品交库单和废品交库单等原始凭证,及时登记"在产品收发结存账",其基本格式见表 2-48。

表 2-48   在产品收发结存账

车间名称:一车间

零件名称:甲   零件编号:002   单位:件

201×年		摘要	收入		转出			结存	
月	日		凭证号	数量	凭证号	合格品	废品	已完工	未完工
8	1	结存						80	100
	5	收入	（略）	200	（略）			180	200
	8	发出				200	5	15	160

（续表）

201×年		摘要	收入		转出		结存		
月	日		凭证号	数量	凭证号	合格品	废品	已完工	未完工
8	15	收入		300				350	125
	20	发出				210	2	150	113
	25	发出				100		21	142
	31	合计		500		510	7	21	142

温馨提示

"在产品收发结存账"可以由车间核算人员登记，也可以由各班组核算人员登记，再由车间核算人员审核。

4. 在产品清查的核算

为了加强在产品的数量核算，保护在产品的安全，企业应定期对在产品进行清查，特别是在年度决算时，应当进行一次彻底全面的清查。在产品清查采用实地盘点法。清查后，应根据盘点结果和账面资料，编制在产品盘存报告表，列明在产品的账面数、实存数和盘盈亏数、盈亏原因及处理意见等；对于报废和毁损的在产品，还要登记其残值。企业的成本会计人员应对在产品盘存结果表进行认真审核，按照企业内部财务会计制度规定的审批程序报有关部门审批，并及时作出账务处理。

在产品发生盘盈时，应借记"生产成本——基本生产成本"账户，贷记"待处理财产损溢"账户；批准转销时，应借记"待处理财产损溢"账户，贷记"制造费用"账户。在产品发生盘亏和报废毁损时，应按盘亏或报废毁损的价值，借记"待处理财产损溢"账户，贷记"生产成本——基本生产成本"账户；按毁损在产品的残值，借记"原材料"、"银行存款"等账户，贷记"待处理财产损溢"账户；批准转销时，应区别不同的情况从"待处理财产损溢"账户的贷方转入有关账户的借方：应计入产品成本的损失，借记"制造费用"账户；自然灾害造成的非常损失，应由过失人或过失单位赔偿的部分，借记"其他应收款"账户，赔偿不足部分，借记"营业外支出"账户。

特别提醒

为了正确的归集和分配制造费用，在产品盘盈、盘亏等的账务处理，应在"制造费用"账户结账之前进行。

（三）生产费用在完工产品和在产品之间分配的方法

月末某种产品既有完工产品又有在产品时，必须采用一定的方法将生产费用在完工产品和在产品之间进行分配。将生产费用在完工产品和期末在产品之间进行分配，是成本核算的最后一个步骤。企业应当根据月末在产品数量的多少，各月月末在产品数量变化的大小，产品成本中各成本项目费用比重的大小，以及企业成本管理有关基础工作的好坏等具体条件，选择合理的分配方法。常用的分配方法有：不计算在产品成本法、在产品按固定成本计算法、在产品按原材料费用计算法、在产品按完工产品成本计算法、约当产量法、在产品按定额成本计算法、定额比例法。

1. 不计算在产品成本法

有些企业(如采矿业、食品业等企业)所生产的产品,月末虽然有在产品,但在产品数量很少,算不算在产品成本对于完工产品成本的影响很小,此时,为了简化产品成本计算工作,可以不计算在产品成本。因而,当月归集的生产费用全部由完工产品负担,即每月发生的生产费用就是本月完工产品成本。

【例 2-27】 甲企业采用不计算在产品成本法进行产品成本的计算。201×年 8 月,该企业 A 产品共发生生产费用 29 294 元,其中直接材料 19 136 元,直接人工 6 790 元,制造费用 3 368元。本月完工产品 100 千克,月末在产品数量很小,故忽略不计。

A 产品成本计算单见表 2-49。

表 2-49   产品成本计算单

产品:A   201×年 8 月   单位:元

项 目	直接材料	直接人工	制造费用	合 计
月初在产品成本	0	0	0	0
本月发生生产费用	19 136	6 790	3 368	29 294
生产费用合计	19 136	6 790	3 368	29 294
本月完工产品成本	19 136	6 790	3 368	29 294
完工产品单位成本	191.36	67.9	33.68	292.94
月末在产品成本	0	0	0	0

☺ **温馨提示**

由于该企业采用不计算在产品成本法进行产品的成本计算,所以本月企业发生的全部生产费用即为完工产品的总成本,月初月末在产品成本均为零。

2. 在产品按固定成本计算法

有些企业(如钢铁业、化工业)生产的产品,各月月末在产品的数量较少,或者月末在产品的数量虽大但各月间在产品数量比较稳定,此时,可以采用在产品按固定成本计算法,即各月月末在产品成本按某一个固定数计算。如果各月月末在产品数量较少,则月初、月末在产品成本就较小,两者的实际成本的差额也较小,对于完工产品成本的计算没有多大的影响;如果月末在产品数量较大但各月间数量稳定,则月初、月末在产品成本也相差不大,对于完工产品成本计算的影响同样不大。所以,为了简化产品成本计算工作,在上述两种情况下,各月在产品成本可以按某个固定数计算。

☺ **温馨提示**

采用这种方法,由于月初、月末在产品成本一样,当月发生的生产费用就是该月完工产品成本。

在一般情况下,为了避免在产品成本与实际成本相差过大,企业应当在每年年终时,对在产品进行实地盘点,根据盘点的在产品的数量情况,重新计算确定本年年末在产品成本。

【例 2-28】 甲企业主要生产 B 产品,其生产较为稳定,各月间月末在产品数量平稳,变动不大,故企业采用在产品按固定成本计算法计算 B 产品成本。经测定,企业各月月末在产品总固定成本为 9 800 元,其中直接材料 5 000 元,直接人工 3 200 元,制造费用 1 600 元。201×年 8 月,月初在产品为 90 件,本月投产 800 件,本月完工 805 件。本月发生生产费用为 91 907 元,其中直接材料 63 525 元,直接人工 20 532 元,制造费用 7 850 元。

B 产品成本计算单见表 2-50。

表 2-50　　　　　　　　　　　　产品成本计算单

产品:B　　　　　　　　　　　　201×年 8 月　　　　　　　　　　　　单位:元

项　　目	直接材料	直接人工	制造费用	合计
月初在产品成本	5 000	3 200	1 600	9 800
本月发生生产费用	63 525	20 532	7 850	91 907
生产费用合计	68 525	23 732	9 450	101 707
本月完工产品成本	63 525	20 532	7 850	91 907
完工产品单位成本	78.91	25.51	9.75	114.17
月末在产品成本	5 000	3 200	1 600	9 800

3. 在产品按原材料费用计算法

酿酒、造纸和纺织等企业所生产的产品,直接材料费用在成本总额中所占比重较大,各月月末在产品数量较大,各月间在产品数量变化也较大,月末在产品可以只计算材料成本,直接人工和制造费用全部由完工产品负担。因为,各月月末在产品数量较大,各月间在产品数量变化也较大的产品,每月月末应当计算在产品成本;且该产品成本结构中直接材料所占比重较大,直接人工和制造费用所占比重较小,对于完工产品成本计算的影响不大。所以,为了简化成本计算工作,在产品可以不计算直接人工和制造费用,只计算直接材料费用。

采用这种方法,本月完工产品成本可用下式计算:

本月完工产品成本 ＝ 月初在产品材料成本 ＋ 本月发生的全部生产费用 － 月末在产品材料成本

【例 2-29】　甲企业只生产 C 产品一种产品,此产品成本结构中原材料费用占总成本费用的 70%～80%,为简化成本核算,该企业采用在产品按原材料费用计算法计算产品成本。201×年 8 月,企业月初在产品成本为 5 050 元,本月发生生产费用 69 800 元,其中直接材料为 60 000 元,直接人工为 6 000 元,制造费用为 3 800 元。原材料于生产开始时一次性投入。企业月初在产品 100 件,本月投入 1 200 件,本月完工 1 000 件。

C 产品成本计算单见表 2-51。

表 2-51　　　　　　　　　　　　产品成本计算单

产品:C　　　　　　　　　　　　201×年 8 月　　　　　　　　　　　　单位:元

项　　目	直接材料	直接人工	制造费用	合计
月初在产品成本	5 050			5 050
本月发生生产费用	60 000	6 000	3 800	69 800
生产费用合计	65 050	6 000	3 800	74 850
完工产品数量	1 000			
在产品数量	300			

（续表）

项　目	直接材料	直接人工	制造费用	合计
费用分配率	50.04			
本月完工产品成本	50 040	6 000	3 800	59 840
完工产品单位成本	50.04	6	3.80	59.84
月末在产品成本	15 010			15 010

注：月末在产品数量＝100+1 200−1 000＝300（件）。

企业采用在产品按原材料费用计算法计算产品成本，故企业月初在产品成本5 050元为月初在产品中所包含的原材料费用。

4. 在产品按完工产品成本计算法

企业月末在产品已接近完工，或者已加工完成，但尚未包装或尚未验收入库，在这种情况下，为了简化成本计算工作，可将月末在产品视同为完工产品，根据月末在产品数量与本月完工产品数量的比例来分配生产费用，以确定本月完工产品成本与月末在产品成本。其计算公式如下：

$$某成本项目费用分配率 = \frac{该项目待分配费用}{完工产品数量 + 月末在产品数量}$$

某成本项目的完工产品成本＝该成本项目的费用分配率×完工产品数量

或　　　　　　　　　　　　＝月初在产品成本＋本月发生生产费用−月末在产品成本

某成本项目的在产品成本＝该成本项目的费用分配率×在产品数量

或　　　　　　　　　　　　＝月初在产品成本＋本月发生生产费用−完工产品成本

 温馨提示

将上述完工产品和月末在产品各成本项目费用数相加，即得某月完工产品总成本和月末在产品成本。

【例2-30】甲企业生产D产品，201×年8月完工350件，已经完工但尚未验收入库，月末在产品50件。有关成本资料如下：月初在产品成本为9 000元，其中直接材料6 000元，直接人工2 000元，制造费用1 000元；本月发生生产费用为81 000元，其中直接材料58 000元，直接人工14 000元，制造费用9 000元。

D产品成本计算单见表2-52。

表2-52　　　　　　　　　　　　　产品成本计算单

产品：D　　　　　　　　　　　201×年8月　　　　　　　　　　　金额单位：元

项　目	直接材料	直接人工	制造费用	合计
月初在产品成本	6 000	2 000	1 000	9 000
本月发生生产费用	58 000	14 000	9 000	81 000
生产费用合计	64 000	16 000	10 000	90 000
完工产品数量（件）	350	350	350	350
月末在产品数量（件）	50	50	50	50
数量合计（件）	400	400	400	400

（续表）

项　　目	直接材料	直接人工	制造费用	合计
费用分配率	160	40	25	225
完工产品总成本	56 000	14 000	8 750	78 750
完工产品单位成本	160	40	25	225
月末在产品成本	8 000	2 000	1 250	11 250

5. 约当产量法

约当产量法是指根据本月完工产品的数量和月末在产品的约当产量的比例来分配生产费用，以确定本月完工产品成本和月末在产品成本的方法。所谓约当产量，是指将月末在产品的实际数量按其完工程度折合为完工产品的数量。约当产量一般用实物量表示，也可以用定额工时表示。这种方法主要适用于月末在产品数量较大，各月月末在产品数量变化也较大，产品成本结构中各成本项目的比重相差不大的产品。因而，采用这种方法，在产品既要计算材料费用，又要计算人工费和制造费用。

约当产量法一般包括下列几个步骤。

1) 计算月末在产品约当产量

(1) 单工序产品。有些企业产品生产只经历一道工序，月末企业应根据产品入库单确定完工产品数量；根据在产品实地盘点结果或在产品收发结存账确定在产品数量，并根据完工程度，确定在产品约当产量。其计算公式如下：

$$月末在产品约当产量 = 月末在产品数量 \times 完工率$$

在通常情况下，直接材料成本项目按投料程度计算完工率（或称投料率），直接人工和制造费用等成本项目按加工程度（或完工程度）计算完工率。

【例 2-31】 甲企业 201×年 8 月末 E 产品在产品为 100 件，其中原材料在生产开始时一次性投入，直接人工和制造费用在生产过程中均衡发生，已测定该在产品完工程度为 50%。则：

$$直接材料成本项目的在产品约当产量 = 100 \times 100\% = 100(件)$$
$$直接人工和制造费用成本项目的约当产量 = 100 \times 50\% = 50(件)$$

(2) 多工序产品。有些企业生产的产品结构复杂、生产工序多，则应先分阶段计算在产品的约当产量，再确定月末在产品总的约当产量。

其一，直接材料成本项目。其主要分以下三种情形：

a. 原材料在第一道工序一次投入。其在产品约当产量的确定方法与单工序相同。

b. 原材料在每道工序开始时一次投入。从每道工序来看，同一工序的在产品所耗用的原材料是相等的，而不同工序的在产品所耗用的原材料是不同的，这就需要先确定每道工序的投料率，再据以计算在产品的约当产量。其计算公式如下：

$$\frac{某道工序在}{产品投料率} = \frac{前几道工序在产品原材料累计定额消耗量 + 本工序在产品原材料定额消耗量}{单位产品原材料定额消耗量} \times 100\%$$
$$月末在产品约当产量 = \sum(各工序在产品数量 \times 各工序在产品投料率)$$

c. 原材料随生产过程陆续、均衡投入，直接材料的投料程度与生产工时的投入进度基本一致，分配直接材料的在产品约当产量的计算方法与其他成本项目相同。

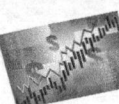

其二,直接人工、制造费用。其计算公式如下:

$$某道工序在产品完工率 = \frac{前几道工序在产品的累计单位工时定额 + 本工序在产品单位工时定额 \times 50\%}{单位产品工时定额} \times 100\%$$

月末在产品约当产量 = Σ(各工序在产品数量 × 该工序在产品完工率)

☺ **温馨提示**

在计算各道工序在产品完工程度时,该工序内每件在产品的完工程度各不相同,平均来看,总体完工程度约为 50%,故在公式中用 50% 进行计算,如果企业可推算出各工序在产品的实际完工程度,则应按其实际完工程度计算确定。

【**例 2-32**】 甲企业 201× 年 8 月生产 F 产品,需经过三道生产工序,单位产品原材料消耗定额为 240 元,其中第一道工序定额 120 元,第二道工序定额 84 元,第三道工序定额 36 元,原材料于每道工序生产开始时一次投入。单位产品工时定额为 40 小时,其中第一道工序 15 小时,第二道工序 10 小时,第三道工序 15 小时,直接人工和制造费用在生产过程中均衡发生。经盘点测定,第一道工序有在产品 100 件,第二道工序有在产品 80 件,第三道工序有在产品 100 件。各工序在产品在本工序的完工程度均为 50%。原材料按投料程度计算约当产量,直接人工和制造费用按工时定额计算约当产量。

在产品直接材料约当产量计算表见表 2-53。

表 2-53　　　　　　　　在产品直接材料约当产量计算表

产品:F　　　　　　　　　　　201× 年 8 月

工序 (1)	本工序材料费用消耗定额 (2)	本工序累计材料费用消耗定额 (3)	本工序在产品投料率 (4)=(3)÷240	在产品数量(件) (5)	在产品约当产量(件) (6)=(5)×(4)
1	120	120	50%	100	50
2	84	204	85%	80	68
3	36	240	100%	100	100
合计	240	—	—	280	218

在产品直接人工和制造费用约当产量计算表见表 2-54。

表 2-54　　　　　在产品直接人工和制造费用约当产量计算表

产品:F　　　　　　　　　　　201× 年 8 月

工序 (1)	本工序工时定额 (2)	在产品在本工序的完工程度 (3)	本工序累计工时定额 (4)=前几道工序(2)+(3)×(2)	本工序在产品完工率 (5)=(4)÷40	在产品数量(件) (6)	在产品约当产量(件) (7)=(6)×(5)
1	15	50%	7.5	18.75%	100	18.75
2	10	50%	20	50.00%	80	40
3	15	50%	32.5	81.25%	100	81.25
合计	40	—	—	—	280	140

2) 计算本月完工产品成本和月末在产品成本

企业每月归集的生产费用需要在完工产品和月末在产品之间进行分配,分配标准是生产

总量,即本月完工产品数量与月末在产品约当产量之和。其计算公式如下:

$$某成本项目费用分配率=\frac{月初在产品成本+本月发生生产费用}{本月完工产品数量+月末在产品约当产量}$$

$$某成本项目本月完工产品成本=该成本项目本月完工产品数量×该成本项目费用分配率$$

或 $$=月初在产品成本+本月发生生产费用-月末在产品成本$$

$$某成本项目月末在产品成本=该成本项目月末在产品约当产量×该成本项目费用分配率$$

或 $$=月初在产品成本+本月发生生产费用-本月完工产品成本$$

【例 2-33】 沿用[例 2-32]的资料,甲企业 F 产品月初在产品成本为 32 450 元,其中直接材料 12 800 元,直接人工 10 420 元,制造费用 9 230 元;本月发生生产费用为 91 340 元,其中直接材料 38 120 元,直接人工 31 220 元,制造费用 22 000 元。本月完工产品为 600 件。

F 产品成本计算单见表 2-55。

表 2-55　　　　　　　　　　**产品成本计算单**

产品:F　　　　　　　　　201×年 8 月　　　　　　　金额单位:元

项　　目	直接材料	直接人工	制造费用	合计
月初在产品成本	12 800	10 420	9 230	32 450
本月发生生产费用	38 120	31 220	22 000	91 340
生产费用合计	50 920	41 640	31 230	123 790
完工产品数量(件)	600	600	600	600
月末在产品约当量(件)	218	140	140	
数量合计(件)	818	740	740	
费用分配率	62.25	56.27	42.20	
完工产品总成本	37 350	33 762	25 320	96 432
完工产品单位成本	62.25	56.27	42.20	160.72
月末在产品成本	13 570	7 878	5 910	27 358

6. 在产品按定额成本计算法

在产品按定额成本计算法是指月末在产品成本按事先确定的单位产品定额成本计算,即月末在产品数量乘以单位定额成本得出月末在产品成本,生产费用实际脱离定额的差异,全部由本月完工产品成本负担。其计算公式如下:

$$在产品直接材料定额成本=在产品数量×直接材料单位定额成本$$

$$在产品直接人工(或制造费用)定额成本=在产品定额工时×\frac{直接人工(或制造费用)}{单位工时定额成本}$$

该方法简化了生产费用在完工产品和月末在产品之间的分配。但由于它将生产费用脱离定额的差异,全部计入了当月完工产品的成本,因此只适用于各项消耗定额和费用定额比较准确、稳定,定额管理基础工作较好,定额资料比较健全,并且各月在产品数量比较稳定的产品。若企业各项费用定额的制定接近实际,则该方法既简单又合理;反之,则该方法计算出来的产品成本的准确性就较差。因此,企业在费用定额发生变化的情况下,应及时

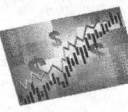

修订定额资料。

【例2-34】 甲企业生产G产品,201×年8月末,在产品200件,完工产品800件,原材料于生产开始时一次性投入,在产品原材料单位定额为20元,在产品定额工时为2 200小时,人工费用单位工时定额为1.8元,制造费用单位工时定额为0.9元。本月月初在产品成本为27 000元,其中直接材料12 000元,直接人工8 000元,制造费用7 000元;本月发生的生产费用为87 720元,其中直接材料42 720元,直接人工28 000元,制造费用17 000元。

G产品成本计算单见表2-56。

表2-56

产品成本计算单

产品:G 　　　　　　　　　201×年8月　　　　　　　　　金额单位:元

项 目	直接材料	直接人工	制造费用	合计
月初在产品成本	12 000	8 000	7 000	27 000
本月发生生产费用	42 720	28 000	17 000	87 720
生产费用合计	54 720	36 000	24 000	114 720
完工产品数量(件)	800	800	800	800
月末在产品数量(件)	200			
直接材料单位定额成本	20			
月末在产品定额工时(小时)		2 200	2 200	
直接人工和制造费用单位工时定额成本		1.8	0.9	
完工产品总成本	50 720	32 040	22 020	104 780
完工产品单位成本	63.4	40.05	27.53	130.98
月末在产品成本	4 000	3 960	1 980	9 940

注:月末在产品成本(定额成本)的相关计算如下:
　　直接材料=200×20=4 000(元)
　　直接人工=2 200×1.8=3 960(元)
　　制造费用=2 200×0.9=1 980(元)
　　月末在产品成本=4 000+3 960+1 980=9 940(元)
　　则本月完工产品成本的相关计算如下:
　　直接材料=54 720-4 000=50 720(元)
　　直接人工=36 000-3 960=32 040(元)
　　制造费用:24 000-1 980=22 020(元)
　　本月完工产品成本=50 720+32 040+22 020=104 780(元)

7. 定额比例法

定额比例法是指将本月归集的生产费用按照完工产品与月末在产品的定额消耗量或定额费用的比例进行分配的方法。其中,直接材料按原材料的定额消耗量或定额费用比例进行分配;直接人工和制造费用可以按各自的定额费用的比例分配,也可以按定额工时的比例分配。定额比例法的基本公式如下:

(1)直接材料:

$$费用分配率=\frac{月初在产品实际成本+本月实际发生生产费用}{本月完工产品定额消耗量(或定额费用)+月末在产品定额消耗量(或定额费用)}$$

完工产品成本=完工产品定额消耗量(或定额费用)×费用分配率

或 　　　　　　　　=月初在产品实际成本+本月发生实际生产费用-月末在产品成本

月末在产品成本＝月末在产品定额消耗量（或定额费用）×费用分配率

或　　　　　　　＝月初在产品实际成本＋本月发生实际生产费用－完工产品成本

（2）直接人工和制造费用：

$$费用分配率＝\frac{月初在产品实际成本＋本月实际发生生产费用}{本月完工产品定额工时（或定额费用）＋月末在产品定额工时（或定额费用）}$$

完工产品成本＝完工产品定额工时（或定额费用）×费用分配率

或　　　　　　　＝月初在产品实际成本＋本月发生实际生产费用－月末在产品成本

月末在产品成本＝月末在产品定额工时（或定额费用）×费用分配率

或　　　　　　　＝月初在产品实际成本＋本月发生实际生产费用－完工产品成本

这种分配方法主要适用于企业的各项消耗定额或费用定额制定比较准确、稳定，定额管理基础工作较好，定额资料比较完整，但各月月末在产品数量变动较大的产品。在这种情况下，由于月初、月末在产品数量差异较大，导致月初在产品成本脱离定额的差异与月末在产品成本脱离定额的差异两者之间的差额较大，如果采用在产品按定额成本计算法，会将月初、月末在产品脱离定额差异的差额全部计入完工产品成本，必然影响了本月完工产品成本计算的准确性；而该方法则将差异在完工产品和在产品之间分摊，避免了上述情况。

【例 2-35】　沿用［例 2-34］的资料，本完工产品定额工时计 15 800 小时。

G 产品成本计算单见表 2-57。

表 2-57　　　　　　　　　　　　　产品成本计算单

产品：G　　　　　　　　　　　　　201×年 8 月　　　　　　　　　　　金额单位：元

项　　目	直接材料	直接人工	制造费用	合计
月初在产品成本	12 000	8 000	7 000	27 000
本月发生生产费用	42 720	28 000	17 000	87 720
生产费用合计	54 720	36 000	24 000	114 720
完工产品数量（件）	800	800	800	800
月末在产品数量（件）	200			
直接材料单位定额成本	20			
月末在产品定额工时（小时）		2 200	2 200	
完工产品定额工时（小时）		15 800	15 800	
费用分配率	2.736	2	1.33	
完工产品总成本	43 776	31 600	21 014	96 390
完工产品单位成本	54.72	39.5	26.27	120.49
月末在产品成本	10 944	4 400	2 986	18 330

注：直接材料按定额费用的比例分配，直接人工和制造费用按定额工时的比例分配。
　　直接材料费用分配率＝54 720÷（200×20＋800×20）＝2.736
　　月末在产品直接材料＝2.736×200×20＝10 944（元）
　　本月完工产品直接材料＝2.736×800×20＝43 776（元）
　　直接人工费用分配率＝36 000÷（2 200＋15 800）＝2
　　月末在产品直接人工＝2×2 200＝4 400（元）
　　本月完工产品直接人工＝2×15 800＝31 600（元）
　　制造费用分配率＝24 000÷（2 200＋15 800）＝1.33
　　本月完工产品制造费用＝1.33×15 800＝21 014（元）
　　月末在产品制造费用＝24 000－21 014＝2 986（元）

温馨提示

上述各种分配方法中没有提及"燃料及动力"成本项目的分配问题。因为"燃料及动力"成本项目可以根据实际情况归入"直接材料"或"制造费用"成本项目,所以其分配方法也应当根据实际情况选择与"直接材料"或"制造费用"成本项目相同。

项目 3

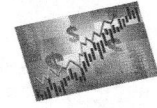

运用分批法计算产品成本

能力目标	1. 能根据企业的生产特点选择分批法。 2. 能根据分批法要求设置产品成本计算单并计算产品成本。 3. 能根据简化的分批法计算产品成本。
知识目标	1. 理解分批法的含义和特点。 2. 熟悉分批法的适用范围。 3. 掌握分批法的成本核算程序及成本核算方法。 4. 掌握简化的分批法的核算方法。
素质目标	1. 了解会计法规中对会计职业道德的要求和约束,诚实守信、遵纪守法。 2. 培养学生不断学习,保持知识持续更新的优良习惯。 3. 能够洞察企业资金筹集、管理上的漏洞并及时与领导沟通。 4. 初步培养学生耐心、细心、严谨的工作态度。 5. 培养学生团队沟通和协作的态度。

任务3.1 认识分批法

一、任务布置

【任务 3-1】 确定分批法的适用范围

1. 星月公司属于一家小批生产型企业,设有一个生产车间,从成立时起一直按生产任务通知单组织生产。

2. 优木公司属于一家大批大量多步骤生产企业,设有多个生产车间,但管理上不要求分步计算产品成本。

3. 盛达公司属于一家大批大量多步骤生产企业,设有多个生产车间,而且管理上要求分

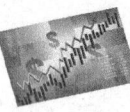

步计算产品成本。

要求：上述三家公司中，哪家适合采用分批法计算产品成本？

二、知识链接

产品成本计算的分批法是指按照产品的批别或订单归集生产费用、计算产品成本的一种方法。在单件小批生产的企业中，由于大多是根据购货单位的订货单组织生产，因此分批法也称订单法。

（一）分批法的特点

工业企业成本计算的分批法与其他成本计算方法相比，有其鲜明的特点。

1. 以产品的批别或生产订单（单件生产为件别）作为成本计算对象

在小批和单件生产中，产品的种类和每批产品的批量，大多是根据购买单位的订单确定的。因而这类企业应按批或件计算产品成本，也就是按照订单计算产品成本。

但如果在一张订单中有几种产品，或虽然只有一种产品但其数量较大并要求分批交货，在这种情况下，再按订货单位的订单组织生产，就不利于按产品品种考核、分析成本计划的完成情况，而且从生产管理上也不便于集中一次投料，更满足不了分批交货的要求。此时，企业生产计划部门可以将上述订单按照产品品种划分批别组织生产，或将同类产品划分数批组织生产，计算成本。如果在一张订单中只规定一件产品，但属于大型复杂的产品，价值较高，生产周期较长，如大型船舶制造，也可以按照产品的组成部分分批组织生产，计算产品成本。

如果在同一时期内，企业接到不同购货单位要求生产同一产品的几张订单，为了经济合理地组织生产，企业生产计划部门也可以将其合并为一批组织生产，计算成本。在这种情况下，分批法的成本计算对象，就不是购货单位的订货单，而是企业生产计划部门签发下达的生产任务通知单，单内应对该批生产任务进行编号，称为产品批号或生产令号。会计部门应根据产品批号设立生产成本明细账或产品成本计算单。生产费用发生后，按产品批别进行归集：直接费用直接计入各批产品生产成本明细账；间接费用则要采用适当的分配方法在各批产品之间进行分配，然后计入各产品生产成本明细账或产品成本计算单。

2. 成本计算期与生产周期一致，而与会计报告期不一致

为了保证各批产品成本计算的正确性，各批产品生产成本明细账的设立和结算，应与生产任务通知单的签发和结束密切配合，协调一致，即各批或各订单产品的成本总额，在其完工以后（完工月份的月末）计算确定，因而产品成本计算是不定期的。

3. 月末，一般不需要在完工产品与在产品之间分配生产费用

在采用分批法计算成本时，由于成本计算期与产品的生产周期一致，产品完工前，生产成本明细账所归集的生产费用，都是在产品成本；产品完工时，生产成本明细账所归集的累计生产费用，就是完工产品的成本。

但如批内产品有跨月陆续完工的情况，月末，一部分产品已完工，另一部分产品尚未完工，为及时提供已完工产品成本的信息，就有必要在完工产品与在产品之间分配费用，以便计算完工产品成本和月末在产品成本。如果跨月陆续完工的产品不多，可以采用按计划单位成本、定额单位成本或近期同类产品的实际单位成本计算完工产品成本，从生产成本明细账中转出，剩余数额即为月末在产品成本。在该批产品全部完工时，还应计算该批产品的实际总成本和单位成本，但对已经转账的完工产品成本不作账面调整。值得注意的是，在批内产品跨月陆续完

工情况下,月末完工产品数量占批量比重较大时,为了提高成本计算的正确性,应采用适当的方法,在完工产品与月末在产品之间分配已归集的费用,从而计算完工产品成本和月末在产品成本。

（二）分批法的适用范围

如前所述,分批法主要适用于单件、小批的生产型企业,具体如下。

1. 根据购买者订单组织生产的企业

有些企业专门根据订货单位或个人的要求,生产特殊规格和一定数量的产品。订货者的订货可能是多件同种规格、型号的产品,如根据订货单位提供的图纸图样等生产几件有专门用途的仪器、设备等;也可能是单件的大型产品,如船舶、大型锅炉等。

2. 产品种类经常变动的小规模制造企业

这类企业规模比较小,工人数量少,并且不可能有特别大型的机器设备和生产流水线设备。因此,其生产组织具有较大的灵活性,能够做到根据市场需要不断变动产品的种类、规格和数量,如小型五金厂、印刷厂、服装厂等。这种产品一般不可能重复生产,即便是重复,也是不定期的。因此,对于这种产品,企业必须分批投产,分批计算成本。

3. 承揽修理业务的企业

这类企业修理业务多种多样,需要根据所承接的各种修理工作分别计算成本,以便于向客户收取修理费。这类企业往往是根据合同规定,在生产成本上加一定的利润作为应收取的修理费。因此,需要计算每次修理业务的成本,如修船厂、汽车修理厂等。

4. 新产品试制车间

为了适应日益多样的市场需求和不断变化的消费者需要,企业往往不断开拓新产品,这就需要进行新产品试制。对于企业新开发、试制的产品,也应该按新产品的批别或单件计算成本。

5. 某些装配式生产的企业

这类企业生产的产品是由不同企业分别生产的零件或部件装配而成。装配方法有两种:一种是由各种零件直接装配成产品;另一种是先将各种零件装配成某种部件,再与其他零件或部件装配成产品。无论哪种装配方法,这些零件的生产程序都各成体系,而且经装配而成的产品往往种类和数量各不相同,所以也适合采用分批法计算产品成本。

任务 3.2　分批法的应用

一、任务布置

【任务 3-2】　接[任务 3-1],根据所选出的企业,该企业 201× 年 8 月根据恒生公司的订单生产 A、B 两种产品,有关产量记录和在产品成本资料见表 3-1 和表 3-2。

表 3-1　　　　　　　　　　　　　产量记录　　　　　　　　　　　　单位:件

批次	产品名称	数量	投产日期	8 月完工数量
501	A 产品	15	7 月 8 日	15
502	B 产品	10	8 月 2 日	0

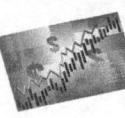
表 3-2　　　　　　　　　　　　在产品成本记录　　　　　　　　　　单位:元

批号	摘要	直接材料	直接人工	制造费用	合计
501	7 月份发生	10 000	3 500	750	14 250
	8 月份发生	1 500	2 950	420	4 870
502	8 月份发生	4 500	2 320	700	7 520

要求:请根据以上资料自行设计产品成本计算单并完成各批次产品成本的计算。

二、知识链接

（一）工业企业分批法的计算程序

工业企业分批法的计算程序可分为以下三步。

1. 按批别或生产订单设置生产成本明细账（或产品成本计算单）

采用分批法计算产品成本的企业,应当按产品的批别或客户的订单设置生产成本明细账（或产品成本计算单）。在每批产品的生产过程中,应将有关的生产费用按成本项目归集到该批产品生产成本明细账（或产品成本计算单）中,以计算该批产品的总成本和单位成本。

2. 按产品的批别归集生产费用

采用分批法计算产品成本的企业,应尽可能按生产通知单的批号组织生产、领用原材料、计算工资、支付相关费用。具体来说,包括以下几个步骤:

（1）编制各要素费用分配表。编制"材料费用分配汇总表"、"外购动力费用分配汇总表"、"人工费用分配汇总表"、"企业折旧计算表"等分配表或分配汇总表。

（2）编制记账凭证并登记相关的明细账。根据各要素费用分配表或分配汇总表及其他相关资料,编制相应的记账凭证（会计分录）,并按照记账凭证及相关资料登记成本计算单（或生产成本明细账）、辅助生产成本明细账、制造费用明细账、管理费用明细账等。

（3）分配辅助生产费用。月末,根据辅助生产成本明细账所归集的本月发生的全部费用,编制辅助生产费用分配表,采用适当的分配方法,在各受益对象间进行费用分配,并登记相关明细账。

😊 **温馨提示**

辅助生产车间发生的制造费用,如果通过制造费用明细账归集,应在分配辅助生产费用前分别转入各辅助生产成本明细账。

（4）分配基本生产车间制造费用。月末,如果批内生产两种或两种以上产品,则应根据制造费用明细账所归集的本月全部费用,编制制造费用分配表,在各种产品间进行分配,并据以登记产品成本计算单（或生产成本明细账）。

（5）结转废品损失。如果企业生产过程中产生了废品,还需将废品净损失从"废品损失明细账"转入成本计算单（或生产成本明细账）。

3. 完工产品成本的结转

月末,加计完工批别成本明细账（或产品成本计算单）上所归集的全部生产费用,即求出完工产品的总成本,据以转账。对于跨月陆续完工的批别,应当采用适当的方法将归集的生产费用在完工产品和在产品之间进行分配。

 温馨提示

从以上分批法的成本核算程序可以看出,分批法的成本核算程序与品种法无本质区别,它们之间的根本区别在于成本计算对象不同:前者的成本计算对象是批别或订单;后者的成本计算对象是产品品种。

(二)实训例题

【例 3-1】　大华公司按照购买单位的要求,小批生产甲、乙、丙产品,采用分批法计算各批产品成本。管理上要求计算已完工产品的成本,采用约当产量法计算完工产品成本。该公司201×年 4 月各批产品的相关资料见表 3-3。

表 3-3　　　　　　　　　　　　各批产品相关资料表　　　　　　　　　　　　单位:件

批号	产品名称	购货单位	投产日期	完工日期	投产数量	完工产品数量
03701	甲产品	A 公司	201×-03-20	未完工	15	0
03702	乙产品	B 公司	201×-03-13	2015-04-28	10	10(已入库)
03801	丙产品	C 公司	201×-04-04	部分完工	20	8(已入库)

丙产品生产经历三个步骤,原材料在第一步骤一次投入。201×年 8 月末,其在产品的相关资料见表 3-4。

表 3-4　　　　　　　　　　　　丙在产品相关资料表　　　　　　　　　　　　数量单位:件

工序	本工序工时定额(小时)	在产品在本工序的完工程度	本工序在产品数量
1	10	50%	6
2	6	50%	4
3	4	50%	2

大华公司 201×年 4 月各批产品月初在产品和本月发生的生产费用(根据相关分配表计算,分配表略)见表 3-5。

表 3-5　　　　　　　　　　各批产品月初在产品和本月生产费用表　　　　　　　　　　单位:元

批号	直接材料		燃料及动力		直接人工		制造费用		合计	
	月初	本月发生	月初	本月发生	月初	本月发生	月初	本月发生	月初	本月发生
03701	66 000	94 000	4 500	15 040	36 800	60 560	12 000	46 750	119 300	216 350
03702	33 000	64 620	3 400	7 480	24 390	48 010	10 140	37 600	70 930	157 710
03801	0	159 500	0	21 300	0	87 800	0	65 000	0	333 600

根据上述资料编制的各批产品成本计算单(见表 3-6～表 3-9)。

表 3-6   **产品成本计算单**

批号:03701   开工日期:201×-03-20

购货单位:A 公司   批量:15 件   完工日期:

产品名称:甲   201×年 4 月   单位:元

摘 要	直接材料	燃料及动力	直接人工	制造费用	合计
月初在产品成本	66 000	4 500	36 800	12 000	119 300
材料费用分配汇总表	94 000				
人工费用分配汇总表			60 560		
辅助生产费用分配表		15 040			
制造费用分配表				46 750	
本月发生生产费用合计	94 000	15 040	60 560	46 750	216 350
生产费用合计	160 000	19 540	97 360	58 750	335 650
月末在产品成本	160 000	19 540	97 360	58 750	335 650

表 3-7   **产品成本计算单**

批号:03702   开工日期:201×-03-13

购货单位:B 公司   批量:10 件   完工日期:201×-04-28

产品名称:乙   201×年 4 月   金额单位:元

摘 要	直接材料	燃料及动力	直接人工	制造费用	合计
月初在产品成本	33 000	3 400	24 390	10 140	70 930
材料费用分配汇总表	64 620				64 620
人工费用分配汇总表			48 010		48 010
辅助生产费用分配表		7 480			7 480
制造费用分配表				37 600	37 600
本月发生生产费用合计	64 620	7 480	48 010	37 600	157 710
生产费用合计	97 620	10 880	72 400	47 740	228 640
完工产品数量(件)	10	10	10	10	10
完工产品总成本	97 620	10 880	72 400	47 740	228 640
单位成本	9 762	1 088	7 240	4 774	22 864

表 3-8   **在产品直接人工和制造费用约当产量计算表**

产品名称:丙   201×年 4 月

工序 (1)	本工序 工时定额 (2)	在产品在本工序 的完工程度 (3)	本工序累计 工时定额 (4)=前几道工序 (2)+(3)×(2)	本工序在 产品完工率 (5)=(4)÷20	在产品数量 (件) (6)	在产品约当 产量(件) (7)=(6)×(5)
1	10	50%	5	25%	6	1.5
2	6	50%	13	65%	4	2.6
3	4	50%	18	90%	2	1.8
合计	20	—	—	—	12	5.9

表 3-9　　　　　　　　　　　**产品成本计算单**

批号:03801　　　　　　　　　　　　　　　　　　　　开工日期:201×-04-04

购货单位:C 公司　　　　　　　批量:20 件　　　　　完工日期:

产品名称:丙　　　　　　　　　201×年 4 月　　　　　金额单位:元

摘　要	直接材料	燃料及动力	直接人工	制造费用	合计
月初在产品成本	0	0	0	0	0
材料费用分配汇总表	159 500				159 500
人工费用分配汇总表			87 800		87 800
辅助生产费用分配表		21 300			21 300
制造费用分配表				65 000	65 000
本月发生生产费用合计	159 500	21 300	87 800	65 000	333 600
生产费用合计	159 500	21 300	87 800	65 000	333 600
完工产品数量(件)	8	8	8	8	
月末在产品约当量(件)	12	5.90	5.90	5.90	
生产量合计(件)	20	13.90	13.90	13.90	
费用分配率	7 975	1 532.37	6 316.55	4 676.26	
完工产品总成本	63 800	12 258.96	50 532.40	37 410.08	164 001.44
单位成本	7 975	1 532.37	6 316.55	4 676.26	20 500.18
月末在产品成本	95 700	9 041.04	37 267.60	27 589.92	169 598.56

任务 3.3　简化的分批法

一、任务布置

【任务 3-3】 星月公司 201×年 10 月产品批别多,生产周期长,每月月末经常有大量未完工产品。为了简化核算工作,采用简化的分批法计算产品成本。该企业 201×年 10 月各批次产品成本的有关资料见表 3-10 和表 3-11。

表 3-10　　　　　　　　　　**10 月份生产基本资料**

单位:件

批号	产品名称	批量	投产日期	本月末完工情况
101	A 产品	12	9 月 12 日	0
102	B 产品	10	9 月 17 日	4
103	A 产品	8	10 月 2 日	6
104	C 产品	15	10 月 18 日	15
105	D 产品	13	10 月 20 日	13

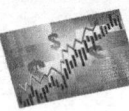

表 3-11   各批次的原材料费用和累计工时

批号	产品名称	原材料费用(元)	累计工时(小时)
101	A 产品	27 000	12 000
102	B 产品	24 000	21 500
103	A 产品	8 000	4 000
104	C 产品	6 500	3 500
105	D 产品	6 500	3 000
合计		72 000	44 000

注:假设原材料均在开始时一次性投入。

10 月月末,该公司全部产品直接人工为 26 528 元,制造费用为 31 980 元。完工产品工时为 16 500 小时,其中 101 批次 8 700 小时,102 批次 4 300 小时,103 批次 3 500 小时。

要求:请根据以上资料自行设计产品成本计算单,并计算各批次完工产品成本。

二、知识链接

在单件小批生产的企业或车间中,各月投产批数较多,而大多数又都是跨月陆续完工,月末未完工批数较多,如果将当月发生的间接计入生产费用全部分配给各批产品,核算工作量必将很大。为了简化核算,可以采用不分批计算在产品成本的方法,即简化的分批法。

(一)成本核算程序

1. 设置明细账

财会部门应按订单或批别设置基本生产成本三级明细账,如"基本生产成本——第一车间(××批别)";还应按生产单位(车间、分厂)设置基本生产成本二级明细账,如"基本生产成本——第一车间",并按产品生产工时和成本项目设置专栏。

2. 登记明细账

月末,根据"材料费用分配汇总表"、"人工费用分配汇总表"、"辅助生产费用分配表"、"制造费用分配表"等,将本月发生的各项成本费用按成本项目、不分批别地登记到基本生产成本二级明细账,并登记本月投入的生产工时;同时,将直接计入费用(一般为直接材料成本项目)和生产工时登记到基本生产成本三级明细账中。

3. 计算完工产品成本

月末,对于各批次中完工产品的成本计算分为两步:

(1)分配直接计入费用(一般为直接材料成本项目)。完工产品应负担的直接计入费用,可以根据基本生产成本三级明细账中的累计生产费用,采用适当分配方法,在完工产品与在产品之间进行分配。

(2)分配间接计入费用(一般为直接人工和制造费用成本项目)。对于有完工产品的批别,应当将其应负担的间接计入费用采用一定的方法分配给完工产品。采用简化的分批法,每月发生的各项间接计入费用,不是按月在各批产品之间进行分配,而是将这些间接计入费用先分别累计起来,到产品完工时,按照完工产品累计生产工时的比例,在各批完工产品之间再进行分配。其计算公式如下:

$$全部产品某项累计间接计入费用分配率=\frac{全部产品该项累计间接计入费用}{全部产品累计生产工时}$$

$$\begin{matrix}某批完工产品应负担的\\某项间接计入费用\end{matrix}=\begin{matrix}该批完工产品\\累计生产工时\end{matrix}\times\begin{matrix}全部产品该项累计\\间接计入费用分配率\end{matrix}$$

4. 结转完工产品成本

月末，将完工产品成本分别从基本生产成本二级明细账和基本生产成本三级明细账中转出。基本生产成本三级明细账中的余额即月末在产品成本，但这个余额仅是该批在产品应负担的直接计入费用，各批在产品应负担的间接计入费用，不反映在各基本生产成本三级明细账中，而是汇总反映在基本生产成本二级明细账的期末余额中。

😊 **温馨提示**

对尚未完工的各批产品，其基本生产成本三级明细账中只登记该产品各月发生的工时，对其应负担的间接计入费用，则暂时保留在基本生产成本二级明细账中，逐月累计起来，暂不进行分配，在以后完工月份，再根据累计工时数计算累计间接计入费用分配率，将间接计入费用分配给完工产品。

（二）简化的分批法的特点

从以上简化的分批法的成本核算程序，可以看出简化的分批法具有如下特点：

（1）需要设置基本生产成本二级明细账。简化的分批法所设立的基本生产成本二级明细账应当按月提供企业或车间全部产品的累计生产费用和生产工时（实际生产工时或定额生产工时）资料。为此，不仅应按成本项目登记全部产品的月初在产品费用、本月生产费用和累计生产费用，而且还要登记全部产品的月初在产品生产工时、本月生产工时和累计生产工时。

（2）同时实现了横向和纵向分配。各批产品之间分配间接计入费用的工作以及完工产品与月末在产品之间分配费用的工作，即生产费用的横向分配工作和纵向分配工作，是利用累计间接计入费用分配率，到产品完工时合并在一起进行的。也就是说，各项累计间接计入费用分配率，既是在各批完工产品之间分配各该费用的依据，也是在完工批别与月末在产品批别之间，以及某批产品的完工产品与月末在产品之间分配各该费用的依据；成本计算工作中的横向分配工作与纵向分配工作，在有完工产品时，根据同一个费用分配率一次分配完成。

（3）简化了未完工产品成本明细账的登记工作。未完工产品成本明细账中只登记直接计入费用，省略了间接计入费用，因而也就不能完整地反映在产品成本。

（4）使间接计入费用的分配平均化。如果各月份工费成本波动较大，生产工时数又各月不一，采用此法会使工费成本平均化，不能反映真实情况，从而影响到产品成本计算的正确性。因此，只有在各月工费成本及其生产工时大致均衡的情况下，才可采用此法。

（三）实训例题

【例 3-2】　永恒企业第一车间组织小批生产，批次较多，为简化核算，不分批计算在产品成本，采用简化的分批法计算产品成本。该车间各种产品的原材料均在生产开始时一次投入。201×年 8 月，该企业有关产品成本的核算资料及计算过程如下：

（1）各批次生产资料。各批次的生产资料见表 3-12。

表 3-12 第一车间各批次生产资料表

201×年8月 　　　　　　　单位:台

批次	产品名称	投产量	投产日期	完工日期	完工数量
1601	A	1 000	201×-06-15	201×-08-29	1 000
1602	B	2 000	201×-06-18	未完工	
1701	A	4 000	201×-07-05	未完工	
1702	D	6 000	201×-07-13	201×-08-30	2 000
1801	E	5 000	201×-08-06	未完工	

（2）月初在产品成本资料。201×年8月初,该企业的在产品成本资料(即"基本生产成本——第一车间"账户及其明细账户月初余额)见表3-13。

表 3-13 月初在产品成本资料表

201×年8月 　　　　　　　金额单位:元

账户		直接材料	生产工时(小时)	直接人工	制造费用	合计
一级、二级账户	基本生产成本——第一车间	400 000	70 000	140 000	80 000	620 000
三级账户	1601(A)	60 000	20 000			
	1602(B)	200 000	30 000			
	1701(A)	40 000	15 000			
	1702(D)	100 000	5 000			

（3）本月生产费用资料。本月发生的各种生产费用的资料(即"基本生产成本——第一车间"账户及其明细账户本月发生额)见表3-14。

表 3-14 本月生产费用资料表

201×年8月 　　　　　　　金额单位:元

账户		直接材料	生产工时(小时)	直接人工	制造费用	合计
一级、二级账户	基本生产成本——第一车间	220 000	40 000	80 000	30 000	330 000
三级账户	1601(A)	30 000	8 000			
	1602(B)	80 000	10 000			
	1701(A)	20 000	8 000			
	1702(D)	50 000	8 000			
	1801(E)	40 000	6 000			

（4）登记基本生产成本二级明细账和基本生产成本三级明细账。将月初在产品成本和本月发生的生产费用登记到基本生产成本二级明细账和基本生产成本三级明细账中,见表3-15～表3-20。

（5）计算全部产品各成本项目累计间接计入费用分配率。具体计算如下:

$$全部产品直接人工累计间接计入费用分配率 = \frac{140\ 000 + 80\ 000}{70\ 000 + 40\ 000} = 2$$

$$全部产品制造费用累计间接计入费用分配率 = \frac{80\ 000 + 30\ 000}{70\ 000 + 40\ 000} = 1$$

（6）计算各批别完工产品成本。计算有完工产品的 1601、1702 两个批次的 A 产品和 D 产品的完工产品成本，见表 3-16 和表 3-19；然后将 A、D 完工产品成本的合计数（包括直接材料、生产工时、直接人工和制造费用等项目）登记到表 3-15 的"结转完工产品成本"项目；最后在表 3-15 中计算出"月末在产品成本"项目，并与表 3-16～表 3-20 核对相符。

表 3-15　　　　　　　　　　　　基本生产成本二级明细账

账户名称：第一车间　　　　　　　　　　　　　　　　　　　　　金额单位：元

201×年		凭证号码	摘要	直接材料	生产工时（小时）	直接人工	制造费用	合计
月	日							
8	1	（略）	月初在产品成本	400 000	70 000	140 000	80 000	620 000
	31		本月发生生产费用	220 000	40 000	80 000	30 000	330 000
	31		生产费用合计	620 000	110 000	220 000	110 000	950 000
			全部产品累计间接计入费用分配率			2	1	
			结转完工产品成本	140 000	37 600	75 200	37 600	252 800
			月末在产品成本	480 000	72 400	144 800	72 400	697 200

表 3-16　　　　　　　　　　　　基本生产成本三级明细账

产品批别：1601　　　　　　　　　　　　　　　　　　　　　投产批量：1 000 台

产品名称：A　　　　　　　　　　　　　　　　　　　　　　　金额单位：元

201×年		凭证号码	摘要	直接材料	生产工时	直接人工	制造费用	合计
月	日							
8	1	（略）	月初在产品成本	60 000	20 000			
	31		本月发生生产费用	30 000	8 000			
	31		生产费用合计	90 000	28 000			
			全部产品累计间接计入费用分配率			2	1	
			结转完工产品成本（1 000 台）	90 000	28 000	56 000	280 000	174 000
			月末在产品成本	0	0			

表 3-17　　　　　　　　　　　　基本生产成本三级明细账

产品批别：1602　　　　　　　　　　　　　　　　　　　　　投产批量：2 000 台

产品名称：B　　　　　　　　　　　　　　　　　　　　　　　金额单位：元

201×年		凭证号码	摘要	直接材料	生产工时（小时）	直接人工	制造费用	合计
月	日							
8	1	（略）	月初在产品成本	200 000	30 000			
	31		本月发生生产费用	80 000	10 000			
			生产费用合计	280 000	40 000			
			月末在产品成本	280 000	40 000			

表 3-18　　　　　　　　　　　　　　　基本生产成本三级明细账

产品批别:1701　　　　　　　　　　　　　　　　　　　　　　　　　投产批量:4 000 台

产品名称:A　　　　　　　　　　　　　　　　　　　　　　　　　　金额单位:元

201×年		凭证号码	摘　要	直接材料	生产工时	直接人工	制造费用	合计
月	日							
8	1	(略)	月初在产品成本	40 000	15 000			
	31		本月发生生产费用	20 000	8 000			
			生产费用合计	60 000	23 000			
			月末在产品成本	60 000	23 000			

表 3-19　　　　　　　　　　　　　　基本生产成本三级明细账

产品批别:1702　　　　　　　　　　　　　　　　　　　　　　　　投产批量:6 000 台

产品名称:D　　　　　　　　　　　　　　　　　　　　　　　　　金额单位:元

201×年		凭证号码	摘　要	直接材料	生产工时	直接人工	制造费用	合计
月	日							
8	1	(略)	月初在产品成本	100 000	5 000			
	31		本月发生生产费用	50 000	8 000			
	31		生产费用合计	150 000	13 000			
			全部产品累计间接计入费用分配率			2	1	
			结转完工产品成本(2 000 台)	50 000	9 600	19 200	9 600	78 800
			月末在产品成本	100 000	3 400			

注:完工产品直接材料=150 000÷6 000×2 000=50 000(元)

　　完工产品每台定额工时为 4.8 小时,因此:

　　完工产品直接人工=4.8×2 000×2=19 200(元)

　　完工产品制造费用=4.8×2 000×1=9 600(元)

表 3-20　　　　　　　　　　　　　　基本生产成本三级明细账

产品批别:1801　　　　　　　　　　　　　　　　　　　　　　　　投产批量:5 000 台

产品名称:E　　　　　　　　　　　　　　　　　　　　　　　　　金额单位:元

201×年		凭证号码	摘　要	直接材料	生产工时(小时)	直接人工	制造费用	合计
月	日							
8	1	(略)	月初在产品成本	0	0			
	31		本月发生生产费用	40 000	6 000			
	31		生产费用合计	40 000	6 000			
			月末在产品成本	40 000	6 000			

😊 温馨提示

　　表 3-17、表 3-18 和表 3-20 中,由于该批次产品未完工,基本生产成本三级明细账中只填列直接材料成本项目的费用数额和"生产工时"栏中的工时数额,人工费用和制造费用成本项目的数额均反映在基本生产成本二级明细账中。

温馨提示

　　如果月末未完工产品的批数不多,则不宜采用简化的分批法。因为在这种情况下,绝大多数批别仍然要分配登记各项间接计入费用,核算工作量减少不多,但计算的正确性却会受到影响。

项目 4

运用分步法计算产品成本

能力目标
1. 能根据企业的生产特点选择分步法。
2. 能根据逐步结转分步法要求设置产品成本计算单并计算产品成本。
3. 能根据平行结转分步法要求设置产品成本计算单并计算产品成本。

知识目标
1. 理解分步法的含义、特点及分类。
2. 掌握逐步结转分步法的成本核算程序及成本计算方法。
3. 掌握平行结转分步法的成本核算程序及成本计算方法。

素质目标
1. 培养高尚的职业道德，如讲诚信、遵纪守法等。
2. 积极启发学生主动地思考问题，培养学生分析问题和解决问题的能力。
3. 能与相关管理人员有效沟通，建立有效成本控制办法。
4. 进一步培养学生严谨的工作态度。
5. 进一步培养学生的团队合作精神。

任务 4.1 认识分步法

一、任务布置

【任务 4-1】 分步法的选择

接［任务 3-1］，先在三家公司中选出适用分步法计算产品成本的公司，并且假设该公司为中型纺织印染企业，设有纺纱、织布和印染三个基本生产车间，大量生产 30 支和 40 支棉纱，并用 30 支纱生产平纹布，用 40 支纱生产斜纹布。纺纱车间生产的棉纱全部转入织布车间。织布车间生产的平纹布和斜纹布全部转入印染车间，经检验合格后入成品库。成本核算人员王强根据学习过的成本会计知识和本企业生产实际,采用分步法计算产品成本。按生产车间设三个基本生产成本明细账,计算纺纱车间纱支、织布车间平纹布和斜纹布坯布的半成品成本,然后计算印染车间完工色布的产品成本。

要求:根据上述资料分析王强的想法正确吗? 为什么?

二、知识链接

分步法是指以产品的品种及其所经历的生产步骤作为成本计算对象,归集生产费用,计算产品成本的方法。

(一)分步法的特点

1. 以产品品种及其生产步骤作为成本计算对象

纺织、冶金、造纸和机械制造业等大量、大批多步骤生产的企业,它们的共同特点是:生产程序可分解成多个步骤,每个步骤生产出的完工产品(即半成品),有的可以进入下一个步骤继续生产,有的可以对外出售。为了适应这种生产特点,企业既要计算出最终产品的成本,还要归集计算出每一个生产步骤的半成品成本,因此分步法的成本计算对象是每种产品及其所经历的各个生产步骤。

往往大多数企业会按生产步骤来设立车间,在此情况下,分步计算成本也就是分车间计算成本。但是分步计算成本与分车间计算成本有时也不是完全相同的概念。例如,有的企业管理上不要求分车间计算成本,但为了简化核算,可将几个车间合并成一个步骤来计算成本,在此,成本计算的范围就超出了车间的范围;有的企业一个车间的生产可能由几个生产步骤组成,管理上又要求分步计算成本,在此成本计算的步骤又小于车间的范围。

另外,分步法并不要求必须对所有的生产步骤单独设立明细账并计算成本,出于重要性的会计信息要求,管理上不要求单独计算某些生产步骤的成本,则可将其与其他生产步骤合并来共同计算成本。

2. 成本计算定期按月进行,与生产周期不一致

大量、大批多步骤生产企业的生产是连续的,基本每个时点都有产品完工,而且在某一时点有的产品刚刚投产,有的产品处于生产中的各个环节。这样,就无需待产品全部完工再结转其成本,而将成本计算固定在月末进行,所以成本计算期与会计报告期一致。

3. 月末,一般需要在完工产品和在产品之间分配生产费用

由于生产的连续性及成本计算期是定期按月进行,月末既有完工产品,又有在产品,因此就要把生产费用在完工产品和在产品之间进行分配。

(二)分步法的种类

采用分步法计算产品成本时,由于不同企业的管理当局对成本管理的要求不同,以及出于简化成本核算工作的考虑,各生产步骤成本的计算和结转就要根据实际情况采用不同的方法。分步法的种类见图 4-1。

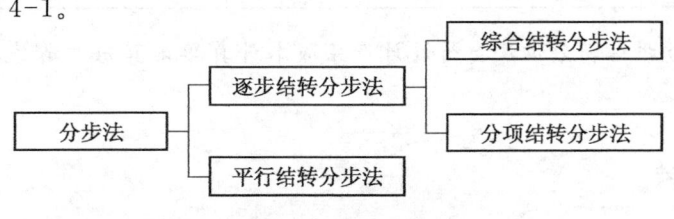

图 4-1 分步法的种类

　　分步法按是否需要计算和结转各步骤半成品成本分为逐步结转分步法和平行结转分步法。如果成本管理要求计算和结转各步骤半成品成本,可以采用逐步结转分步法;如果成本管理不要求计算和结转各步骤半成品成本,可以采用平行结转分步法。

　　逐步结转分步法按照半成品成本在下一生产步骤基本生产成本明细账的反映方式不同,分为综合结转分步法和分项结转分步法。

任务4.2　逐步结转分步法

一、任务布置

【任务 4-2】　逐步结转分步法的应用

　　恒生公司生产甲产品经过三个步骤,原材料在生产开始时一次投入,每步骤生产费用月末在完工产品和在产品之间按约当产量法分配计算,假设第一步骤和第二步骤的完工产品不通过自制半成品库。201×年 4 月,该公司每步骤的产量记录和本月生产费用记录见表 4-1 和表 4-2。该企业采用综合逐步结转分步法计算甲产品成本。

表 4-1　　　　　　　　　　　　　　　　　产　量　资　料　　　　　　　　　　　　　　单位:件

项　　目	第一步骤	第二步骤	第三步骤
月初在产品数量	50	50	80
本月投产数量	70	90	100
本月完工产品数量	90	100	160
月末在产品数量	30	40	20
在产品完工程度	60%	50%	40%

表 4-2　　　　　　　　　　　　　　　　　生产费用资料　　　　　　　　　　　　　　　单位:元

成本项目	月初在产品			本月发生费用		
	第一步骤	第二步骤	第三步骤	第一步骤	第二步骤	第三步骤
直接材料(上步骤转入半成品成本)	2 600	3 200	5 500	18 000		
燃料及动力	800	950	2 150	8 500	4 880	5 400
直接人工	4 200	3 250	2 610	7 910	5 300	3 200
制造费用	550	870	1 310	4 250	3 780	2 100
合　　计	8 150	8 270	11 570	38 660	13 960	10 700

　　要求:请采用逐步结转分步法自行设计产品成本计算单计算每步骤完工产品成本及产成品成本。

二、知识链接

　　逐步结转分步法是按照产品连续生产步骤的先后顺序,逐步计算并结转半成品的成本,半成品成本随着半成品在各生产步骤之间顺序转移，直到最后步骤计算出完工产品的方法。计算各个步骤所产半成品的成本，是此方法的显著特点。因此，逐步结转分步法也称作计算半成品成本的分步法。

（一）逐步结转分步法的适用范围

作为分步法的一种，逐步结转分步法适用于大量大批多步骤生产的企业，特别是半成品可以加工成为不同的产品，或者半成品要对外出售或需要进行成本考核的生产企业。在这些企业中，从产品的投产到完工，需经过若干个生产步骤，除最后一步的完工产品是产成品外，其他各个步骤的完工产品都是半成品。例如，钢铁企业生产工艺过程包括炼铁、炼钢和轧钢三大生产步骤，铁砂通过炼铁工艺过程制成生铁，生铁通过炼钢工艺过程成为钢锭，钢锭通过轧钢工艺过程成为钢材。其中，生铁、钢锭是半成品，钢材是最终产成品。也就是说，除了要计算最后步骤的产成品（如钢材）的成本外，还需要计算各个步骤的半成品（如生铁、钢锭）的成本，因此就需要采用逐步结转分步法。

（二）逐步结转分步法的成本核算程序

在实践中，企业分步生产某种产品时，中间步骤所生产出来的半成品完工时，根据管理的需要，有些企业直接转入下一个生产步骤；有些企业则将半成品入半成品库管理，需要时再从半成品库领用，参与下一生产步骤的生产。因此，在会计核算上也分为两种情况：半成品通过半成品库收发和半成品不通过半成品库收发。

逐步结转分步法的成本核算程序见图 4-2（半成品通过半成品库收发）和图 4-3（半成品不通过半成品库收发）。

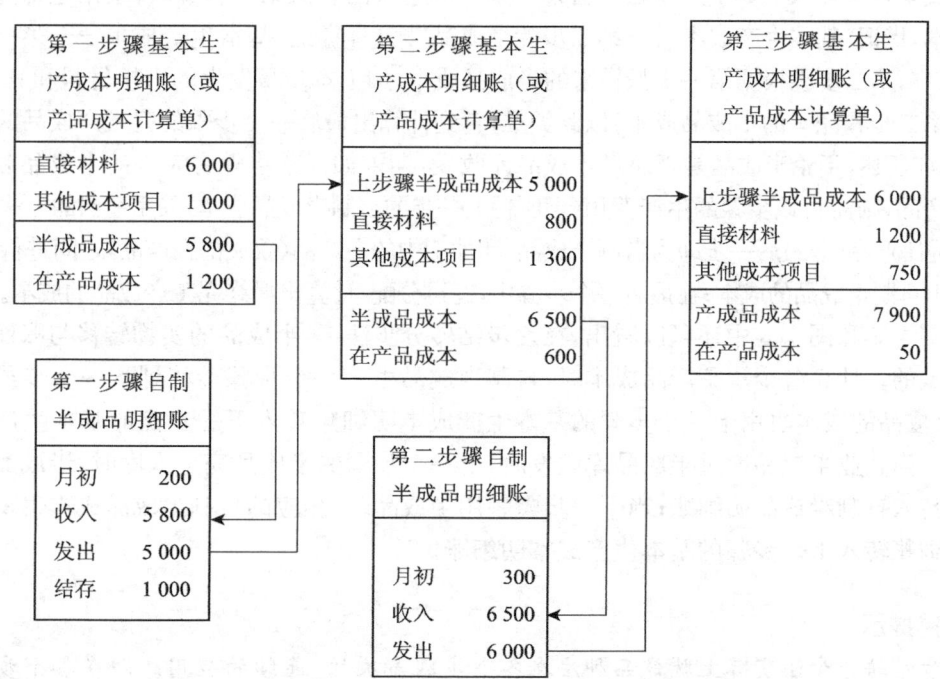

图 4-2　逐步结转分步法成本核算程序（半成品通过半成品库收发）

从图 4-2 或图 4-3 的成本核算程序可以看出，在逐步结转分步法下，各个步骤如果有半成品完工时，应该把完工产品的成本从该步骤的生产成本明细账中转出。当半成品完工后要通

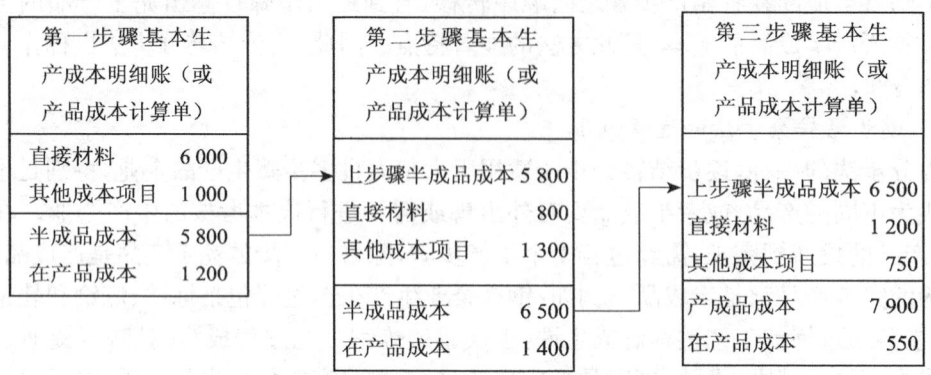

图 4-3　逐步结转分步法成本核算程序(半成品不通过半成品库收发)

过半成品库收发,则在验收入库时,应编制结转半成品成本的相关会计分录。当第一步骤的半成品入库时,借记"自制半成品——第一步骤半成品"账户,贷记"基本生产成本——第一步骤半成品"账户;当第二步骤从半成品库领用第一生产步骤生产的半成品时,借记"基本生产成本——第二步骤半成品"账户,贷记"自制半成品——第一步骤半成品"账户,再加上第二步骤所发生的直接材料和其他费用,计算出第二步骤完工的半成品成本;按照生产步骤的顺序,依次累计结转半成品成本,直到最后一个步骤,计算出完工产成品的成本。

从图 4-3 的成本核算程序可以看出,对于半成品不通过半成品库收发的企业,完工的所有半成品的成本直接转入下一生产步骤。当第一步骤的半成品转入第二步骤时,根据全部完工的半成品成本,借记"基本生产成本——第二步骤半成品"账户,贷记"基本生产成本——第一步骤半成品"账户;第二步骤根据第一步骤转来的半成品成本,加上本步骤发生的直接材料和其他费用,计算出第二步骤完工的半成品成本;以此类推,直到计算出最后一个步骤的完工产成品的成本。

如前所述,不论半成品是否通过半成品库收发,期末如果某步骤有完工的半成品和正在加工的在产品,则需将该步骤的生产费用(含所耗上一步的自制半成品成本)采用适当的方法,在各个步骤的完工产品(非最后一步即为自制半成品)和加工中的在产品(狭义的在产品)之间进行分配,从而计算出自制半成品的成本;在最后一个步骤中,经过分配,计算出最终完工产成品的成本。

从图 4-2 和图 4-3 中还可以看出,在逐步结转分步法下,半成品的实物转移与账面上的转移是一致的。计算各个步骤产品成本时,自制半成品由上一个步骤转移到下一个步骤继续生产时,半成品的成本也由上一个步骤的基本生产成本明细账转入下一步骤的基本生产成本明细账中。当企业半成品通过半成品库收发时,上一个步骤的半成品完工入库时,半成品的成本也随之转入自制半成品明细账;当下一步骤领用半成品时,相应的自制半成品成本也从自制半成品明细账转入下一步骤的基本生产成本明细账。

😊 **温馨提示**

逐步结转分步法实际上就是品种法在各个步骤多次的、连续的应用。即在各个步骤中采用品种法来归集所耗的原材料费用或半成品的费用和本步骤所发生的其他费用,进而进行每一步骤的在产品成本和完工产品的成本计算。

如前所述,逐步结转分步法,按照半成品成本转入下一生产步骤基本生产成本明细账的反映方式不同,又可分为综合结转和分项结转两种方法,在这里我们主要介绍综合结转分步法。

（三）综合结转分步法

所谓综合结转分步法,是指上一个生产步骤的半成品转入下一个生产步骤时,不分直接材料、直接人工等成本项目,而是以"直接材料"或专设的"自制半成品"这样的综合成本项目转入下一个步骤基本生产成本明细账的方法。

【例 4-1】 A 企业的甲产品生产分为两个步骤,分别由两个车间进行,材料是在第一车间开始生产时一次性投入的。201×年 6 月,根据上月成本计算单确定的各车间月初在产品成本资料见表 4-3,根据各种费用分配表确定的本月发生费用情况见表 4-4,其他相关资料见表 4-5。两车间的月末在产品成本均按约当产量法计算。

表 4-3 各车间月初在产品成本资料 单位:元

车间（步骤）	自制半成品	直接材料	直接人工	制造费用	合计
第一车间（第一步骤）		8 540	5 630	4 500	18 670
第二车间（第二步骤）	19 000		4 000	3 000	26 000

表 4-4 各车间本月发生费用情况 单位:元

车间（步骤）	自制半成品	直接材料	直接人工	制造费用	合计
第一车间（第一步骤）		45 800	31 200	18 500	95 500
第二车间（第二步骤）	需计算得到		38 000	28 500	66 500

表 4-5 其他相关资料 数量单位:件

车间（步骤）	完工产品数量	未完工产品数量	在产品完工程度(%)	领用自制半成品数量
第一车间（第一步骤）	200	100	50	205
第二车间（第二步骤）	230	100	50	

1. 各步骤产品成本计算

下面的核算过程分为两种情况:半成品通过半成品库收发和半成品不通过半成品库收发。

（1）半成品通过半成品库收发。甲半成品出库时采用先进先出法。

a. 第一车间（第一步骤）成本计算。第一车间产品成本计算单见表 4-6。

表 4-6 产品成本计算单

第一车间 甲半成品 201×年 6 月 金额单位:元

项　　目	直接材料	直接人工	制造费用	合计
月初在产品成本	8 540	5 630	4 500	18 670
本月发生生产费用	45 800	31 200	18 500	95 500
本月发生生产费用合计	54 340	36 830	23 000	114 170
本月本步完工产品的数量（件）	200	200	200	
月末本步在产品的约当产量（件）	100	50	50	
约当总产量（件）	300	250	250	2
费用分配率	181.13	147.32	92	

(续表)

项　目	直接材料	直接人工	制造费用	合计
本步完工产品总成本	36 226	29 464	18 400	84 090
本步完工产品单位成本	181.13	147.32	92	420.45
本步在产品成本	18 114	7 366	4 600	30 080

注:直接材料约当量=100(件)(因为原材料在第一车间开始生产时一次投入)

在产品约当产量(直接人工和制造费用成本项目)=100×50%=50(件)

直接材料费用分配率=$\dfrac{8\,540+45\,800}{100+200}$=181.83

直接材料完工产品成本=181.83×200=36 226(元)

直接材料在产品成本=54 340−36 226=18 114(元)

其他成本项目与直接材料的计算方法相同,计算过程略。

b. 半成品收发。根据第一车间的产品成本计算单和半成品交库单,编制如下会计分录:

借:自制半成品——甲半成品　　　　　　　　　　　　　　　　84 090

　　贷:基本生产成本——第一车间(甲半成品)　　　　　　　　　　84 090

根据第一车间半成品交库单和第二车间半成品的领用单以及相关记账凭证,登记自制半成品明细账,见表4-7。

表4-7　　　　　　　　　　　　　自制半成品明细账

数量单位:件

账户名称:甲半成品

金额单位:元

201×年		凭证号码	摘要	收入			发出			结存		
月	日			数量	单价	金额	数量	单价	金额	数量	单价	金额
6	1	(略)	期初余额							5	420	2 100
	30		收入	200	420.45	84 090				205		86 190
	30		发出				205		86 190	0	0	0

😊 温馨提示

自制半成品发出可以根据实际情况选择采用先进先出法、月末一次加权平均法、移动加权平均法和个别计价法。

根据自制半成品明细账和第二车间的自制半成品领用单,编制如下会计分录:

借:基本生产成本——第二车间(甲产品)　　　　　　　　　　　86 190

　　贷:自制半成品——甲半成品　　　　　　　　　　　　　　　　86 190

c. 第二车间成本计算。根据表4-3、表4-4、表4-5和表4-7提供的资料,编制第二车间产品成本计算单,见表4-8。

表4-8　　　　　　　　　　　　　产品成本计算单

第一车间　甲产品　　　　　　　　　201×年6月　　　　　　　　　金额单位:元

项　目	上步骤转入	本步骤发生		合计
	自制半成品	直接人工	制造费用	
月初本步骤在产品成本	19 000	4 000	3 000	26 000
本月本步骤发生生产费用	86 190	38 000	28 500	152 690

（续表）

项　目	上步转入	本步发生		合计
	自制半成品	直接人工	制造费用	
本月本步骤生产费用合计	105 190	42 000	31 500	178 690
本月本步骤完工产品的数量（件）	230	230	230	
月末本步在产品的约当产量（件）	100	50	50	
本步骤约当总产量（件）	330	280	280	
本步骤费用分配率	318.76	150	112.5	
本步骤完工产品总成本	73 314.80	34 500.00	25 875.00	133 689.80
本步骤完工产品单位成本	318.76	150	112.50	581.26
本步骤在产品成本	31 875.20	7 500.00	5 625.00	45 000.20

根据表 4-8 产品成本计算单和完工产品的交库单，编制结转完工产品入库的会计分录如下：

借：库存商品——甲产品　　　　　　　　　　　　　　　　　　133 689.80
　　贷：基本生产成本——第二车间（甲产品）　　　　　　　　　　　133 689.80

（2）半成品不通过半成品库收发。

a. 第一车间（第一步骤）成本计算。第一车间产品成本计算同上述"（1）半成品通过半成品库收发"，具体见表 4-6。

b. 半成品转入第二车间。当半成品不通过半成品库收发时，第一车间所有完工半成品全部转入第二车间。

根据表 4-6 和其他相关资料，编制如下会计分录：

借：基本生产成本——第二车间（甲产品）　　　　　　　　　　　　84 090
　　贷：基本生产成本——第一车间（甲半成品）　　　　　　　　　　　84 090

c. 第二车间成本计算。根据表 4-3～表 4-6 提供的资料，编制第二车间产品成本计算单，见表 4-9。

表 4-9　　　　　　　　　　　　　　**产品成本计算单**

第二车间　甲产品　　　　　　　　　　　201×年 6 月　　　　　　　　　　金额单位：元

项　目	上步转入	本步发生		合计
	自制半成品	直接人工	制造费用	
月初本步骤在产品成本	19 000	4 000	3 000	26 000
本月本步骤发生生产费用	84 090	38 000	28 500	150 590
本月本步骤生产费用合计	103 090	42 000	31 500	176 590
本月本步骤完工产品的数量（件）	230	230	230	
月末本步在产品的约当产量（件）	100	50	50	
本步骤约当总产量（件）	330	280	280	
本步骤费用分配率	312.39	150	112.50	
本步骤完工产品总成本	71 849.70	34 500	25 875.00	132 224.70
本步骤完工产品单位成本	312.39	150	112.50	574.89
本步骤在产品成本	31 240.30	7 500	5 625.00	44 365.30

根据表 4-9 产品成本计算单和完工产品的交库单,编制结转完工产品入库的会计分录如下:

借:库存商品——甲产品   132 224.70

 贷:基本生产成本——第二车间(甲产品)   132 224.70

 温馨提示

"自制半成品"成本项目在完工产品和在产品之间进行分配的方法与"直接材料"成本项目相同。实际上,当原材料分步骤投入时,每个生产步骤(除第一步骤)都有"自制半成品"和"直接材料"两个成本项目,此时,"自制半成品"成本项目也可合并在"直接材料"成本项目中一同计算。

2. 成本还原

【任务 4-2-1】 成本还原

恒生公司采用逐步综合结转法计算甲产成品成本,201×年,该产品总成本和单位成本呈不断上升趋势。公司管理人员想找出降低成本的办法。要求成本计算人员李丽提供计算该产品成本的相关资料,李丽随之提供成本还原计算表,如表 4-10 所示。

表 4-10   **成本还原计算表**   金额单位:元

项 目	产量(件)	还原分配率	半成品	原材料	直接人工	制造费用	合计
还原前产成品成本	330		31 200		4 640	8 720	44 560
本月耗用半成品成本			21 980				
本月所产半成品成本				6 700	3 545	6 530	16 775
半成品还原		1.31		8 777.00	4 951.80	8 554.30	22 283.10
还原后产成品总成本	350			7 290	8 180	17 780	33 250
还原后产成品单位成本				20.83	23.37	50.80	95.00

总经理看后百思不得其解,产成品总成本为 44 560 元,为什么还原后却为 22 283.10 元呢?他提出了疑问。李丽对计算过程和结果检查后,发现自己的计算是错误的。

要求:请帮助李丽分析其错误原因并给出正确答案。

在采用综合结转分步法结转半成品的成本情况下,产成品成本中的自制半成品项目或直接材料项目是最后一个步骤所耗上一个步骤的半成品的费用(包含以上步骤所耗的料、工、费),其他的成本项目只包含最后一个步骤的费用,这显然不符合企业产品成本结构的实际情况,也不能提供按原始的成本项目来反映的成本资料,更不能根据上述资料从整个企业的角度来考核和分析产品成本的构成和水平。在此情况下,如果管理上要求从整个企业角度考核和分析成本的原始构成时,还应将综合结转法中综合计算出的产品成本还原成为按原始成本项目反映的成本,这个过程称为成本还原。

成本还原的程序为:从最后一个步骤起,把最终完工产品成本中的自制半成品项目根据上一步骤的本月完工半成品的成本构成予以还原(因为最后一个步骤所用的自制半成品即为上一步骤的完工半成品),同理,还原后如还有自制半成品,则再根据上一步骤的本月完工自制半成品的成本构成予以还原,直到把最终完工产品成本还原成直接材料、直接人工、制造费用等原始的成本项目,从而求得按原始成本项目反映的最终完工产品成本。成本还原的程序见图 4-4。

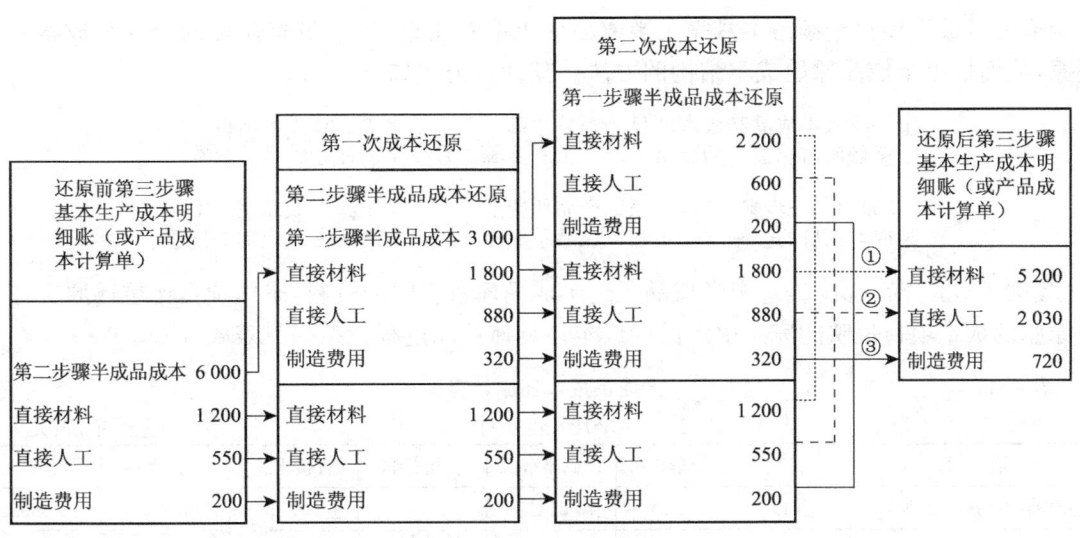

图 4-4　成本还原的程序

注：①为直接材料成本汇总。②为直接人工成本汇总。③为制造费用成本汇总。

成本还原的方法主要有成本还原率法和项目比重还原法。

（1）成本还原率法。成本还原率法是指根据本月产品成本中所耗费上一步骤半成品的综合成本占该种完工半成品的总成本的比例，分别乘以所耗费该种半成品的各个成本项目金额进行还原，从而取得产成品原始成本结构的方法。其计算公式如下：

$$成本还原率＝\frac{本月完工产品耗费上一步骤半成品成本}{本月完工上一步骤该种半成品总成本}$$

$$\begin{array}{l}还原为上一步骤\\某成本项目的金额\end{array}＝\begin{array}{l}上一步骤本月完工半\\成品该成本项目金额\end{array}\times成本还原率$$

【例 4-2】　沿用［例 4-1］中半成品通过半成品库收发时的资料，采用成本还原率法计算按原始的成本项目反映的完工甲产品的成本。具体还原过程及结果见表 4-11。

表 4-11　　　　　　　　　　　　　产成品成本还原计算表

201×年 6 月　　　　　　　　　　　　　　　　　　　　金额单位：元

项　　目	行次	产量（件）	成本还原率	自制半成品	直接材料	直接人工	制造费用	合计
还原前的产成品成本	(1)	230		73 314.80		34 500.00	25 875.00	133 689.80
本月一车间完工甲半成品成本	(2)				36 226.00	29 464.00	18 400.00	84 090.00
产成品中自制半成品费用的还原	(3)＝(2)×0.871 9		0.871 9		31 585.45	25 689.66	16 039.69	73 314.80
还原后的产成品总成本	(4)＝(1)＋(3)				31 585.45	60 189.66	41 914.69	133 689.80
还原后产成品单位成本	(5)＝(4)÷230				137.33	261.69	182.24	581.26

注：成本还原率＝73 314.80÷84 090＝0.871 9

（2）项目比重还原法。项目比重还原法是指根据本月产品成本中所耗费上一步骤本月完

工半成品各成本项目金额占本月完工半成品总成本的比重,将本步骤耗费的半成品成本分解还原,从而取得半成品原始成本结构的方法。其计算公式如下:

$$\frac{上一步骤半成品某成本项目}{金额所占总成本的比重} = \frac{上一步骤本月完工半成品某成本项目金额}{上一步骤本月完工该种半成品总成本}$$

$$\frac{还原为上一步骤}{某成本项目的金额} = \frac{本月完工产品耗费上}{一步骤半成品总成本} \times \frac{上一步骤半成品该成本}{项目金额所占总成本的比重}$$

【例 4-3】 沿用例[4-1]中半成品通过半成品库收发时的资料,采用项目比重还原法计算按原始的成本项目反映的完工甲产品的成本。具体还原过程及结果见表 4-12。

表 4-12　　　　　　　　　　　　产成品成本还原计算表

201×年 6 月　　　　　　　　　　　　　　　　金额单位:元

项　目	行次	产量(件)	自制半成品	直接材料	直接人工	制造费用	合计
还原前的产成品成本	(1)	230	73 314.80		34 500.00	25 875.00	133 689.80
本月一车间完工甲半成品成本	(2)			36 226.00	29 464.00	18 400.00	84 090.00
本月第一步骤完工半成品成本项目占总成本的比重	(3)=(2)÷84 090			43.08%	35.04%	21.88%	100%
产成品中自制半成品费用的还原	(4)=(3)×73 314.80			31 584.02	25 689.51	16 041.27	73 314.80
还原后的产成品总成本	(5)=(1)+(4)			31 584.02	60 189.51	41 916.27	133 689.80
还原后产成品单位成本	(6)=(5)÷230			137.32	261.69	182.24	581.25

 温馨提示

从[例 4-2]和[例 4-3]的计算结果可以看出,实质上成本还原率法和项目比重还原法无本质区别,它们的计算公式和计算结果是相同的(例题中由于除不尽四舍五入使计算结果有微小的误差)。

如果产品生产步骤是三个步骤,按上述方法对本月产成品所耗用的第二步骤的半成品的总成本进行还原,还原后的第二步骤的半成品成本还会有未还原的综合费用(即所耗第一步骤的半成品成本),这时还应根据本月第一步骤所产半成品的总成本再还原一次。如果是四个步骤,则要还原三次,以此类推,直至"自制半成品"项目的综合费用全部还原为原始的成本项目为止。

特别提醒

本月产成品所耗上一步骤的半成品有可能来自以前月份的上步骤所生产的半成品,因此,在各月所产半成品的成本结构变化较大的情况下,用上述方法对成本还原的准确性就有较大的影响。如果企业的半成品定额成本或计划成本比较准确,那就可以以半成品定额成本或计划成本为依据进行成本还原,程序及方法不变。

4. 逐步结转分步法的特点

(1)采用逐步结转分步法计算产品成本,由于其实物结转与半成品的成本结转相一致,因而能够为各个生产步骤的在产品的实物管理和资金管理提供资料。

（2）能够提供各生产步骤的半成品的成本资料，可以为各生产步骤消耗半成品、同行业进行半成品成本的对比及企业内部成本分析和考核等提供会计信息。

（3）各生产步骤的成本包括本步骤耗用的直接材料或自制半成品费用和其他各项费用，能够全面地反映各步骤的生产耗费情况，能够满足各个步骤的成本管理的需要。

但是逐步结转分步法也有其缺陷：一是各个生产步骤逐步结转自制半成品成本，前几个步骤的成本计算制约着下一个步骤的成本计算，这样会影响成本计算的及时性；二是不适应那些需要按照原始成本项目提供产品成本的企业，因为采用综合结转法则需要进行成本还原，而采用分项结转法则工作量较大。因此在采用逐步结转分步法时，应根据企业的特点进行选择。

任务4.3 平行结转分步法

一、任务布置

【任务 4-3】 平行结转分步法应用

天乐公司分两个生产步骤生产 A 产品，第一步骤完工产品直接投入第二步骤生产，原材料在开始一次性投入，采用平行结转分步法计算该产品成本。201×年 6 月，该公司的相关资料见表 4-13 和表 4-14。

表 4-13   产 量 记 录 表   数量单位：件

项 目	第一步骤	第二步骤
月初在产品	220	150
本月投产	500	650
本月完工	650	720
月末在产品	70	80
完工程度（%）	40	60

表 4-14   生产费用记录表   单位：元

项 目	第一步骤			合计	第二步骤		合计
	直接材料	直接人工	制造费用		直接人工	制造费用	
月初在产品成本	17 000	4 848	3 516	25 364	3 200	4 150	7 350
本月生产费用	35 200	12 000	15 600	62 800	9 088	8 906	17 994

要求：根据平行结转分步法自行设置生产成本明细账并计算该产品成本。

二、知识链接

平行结转分步法是将各个生产步骤的生产费用中应由产成品负担的份额平行汇总，以求得产成品成本的方法。平行结转分步法也是按照产品的品种和生产步骤来归集生产费用，但只计算各个步骤生产费用中属于产成品成本的数额，即计算出产成品的成本，而不计算和结转

各个步骤中完工半成品的成本,所以该方法又称不计算半成品成本法。

（一）平行结转分步法的适用范围

平行结转分步法作为分步法的一种,适用于大量大批多步骤生产的企业,特别是由于半成品对外出售的情况很少,成本管理上要求分步计算归集费用,而不要求计算出半成品成本的企业尤为适用。也就是说,平行结转分步法与企业生产工艺过程特点有着密切的联系。如果一个企业产品的生产过程是先将各种原材料平行地进行加工为各种零、部件,然后再将零、部件装配成各种产成品,成本管理上要求分步计算归集费用,则可以采用此方法。例如,电子产品制造企业,由多个生产步骤平行生产多种电子元、配件,然后转入装配车间,装配成电子产品,而企业管理上不要求计算其元、配件成本,就可以采用此方法。

（二）平行结转分步法的成本核算程序

其成本核算程序分以下几步:

（1）按照产品的生产步骤和产品品种开设基本生产成本明细账（或产品成本计算单）,按成本项目归集本步骤发生的生产费用,但不包括上一生产步骤转来的自制半成品成本。

（2）将各生产步骤归集的生产费用在完工产品与月末在产品之间进行分配,以确定应计入最终产成品的数额。

特别提醒

上述"在产品"是指广义的在产品,包括本步骤尚未完工的在产品,本步骤完工转入半成品库的自制半成品或投入下一步骤继续生产的半成品以及完成全部生产过程尚未入库的产成品。

（3）将各步骤计算出来的完工产品成本按成本项目汇总,计算出最终产成品成本。

平行结转分步法的成本核算程序见图4-5。

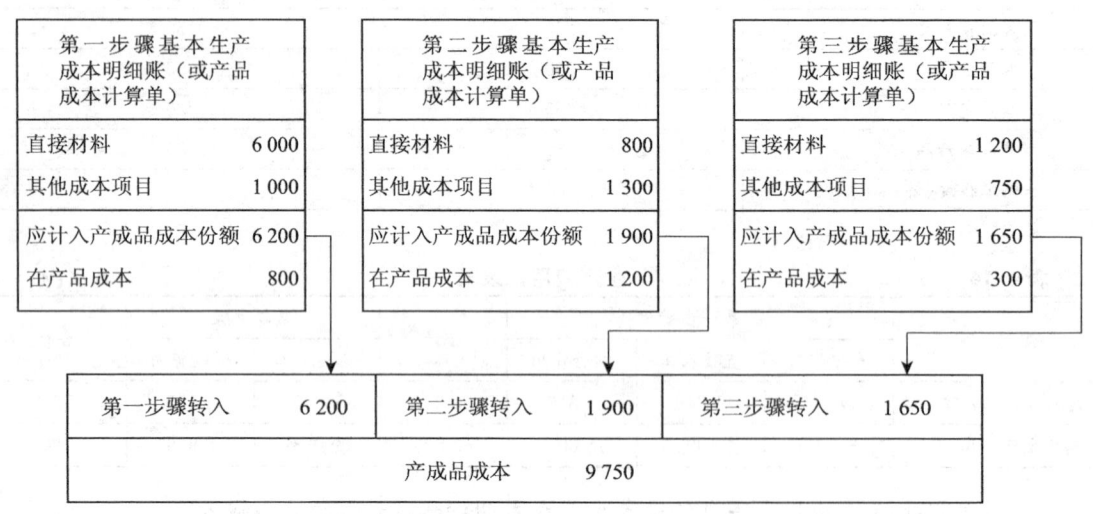

图4-5 平行结转分步法的成本核算程序

温馨提示

图4-5中,各个生产步骤的生产成本明细账（或产品成本计算单）中仅归集了本步骤直接发生的费用,而不包括在本步骤继续加工的上步骤转入或领用的自制半成品成本。如果材料

在第一步骤一次性投入的,只有第一步骤中包含直接材料成本项目,而其他步骤只归集本步骤的其他成本项目。

（三）各步骤应计入产成品成本的份额的计算

采用平行结转分步法计算产成品成本,必须计算出各步骤生产成本明细账(或产品成本计算单)所归集的生产费用中应计入产成品的份额,该份额的计算一般采用约当产量法。其计算公式如下：

某步骤约当产量＝产成品数量＋该步骤月末狭义在产品约当产量
＋后续各步骤月末在产品数量

$$某步骤某成本项目的费用分配率 = \frac{该步骤月初在产品成本 + 该步骤本月生产费用}{该步骤约当产量}$$

某步骤某成本项目应计入产成品成本的份额＝产成品数量×该步骤该成本项目的费用分配率

【例 4-4】 甲企业生产 C 产品需连续经过三个加工步骤,第一步骤生产 A 半成品,直接转至第二步骤加工成 B 半成品,B 半成品再直接转至第三步骤加工成 C 产成品。原材料在第一步骤生产开始时一次投入,各步骤月末在产品的加工程度均为 50%。201×年 8 月,该企业有关产量和成本资料见图 4-6 和表 4-15。

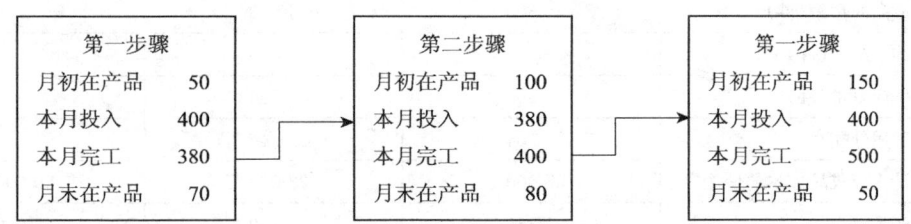

图 4-6 各步骤产量资料

表 4-15 各步骤月初在产品成本及本月生产费用表 单位:元

项目	第一步骤				第二步骤			第三步骤		
	直接材料	直接人工	制造费用	合计	直接人工	制造费用	合计	直接人工	制造费用	合计
月初在产品成本	19 000	9 130	10 100	38 230	3 910	4 000	7 910	2 110	1 200	3 310
本月生产费用	86 000	29 440	17 830	133 270	27 950	23 140	51 090	26 765	14 025	40 790

采用约当产量法计算各步骤应计入产成品成本的份额,编制各步骤产品成本计算单见表 4-16～表 4-18。

表 4-16 产品成本计算单

第一步骤:A 半成品 201×年 8 月 金额单位:元

项 目	直接材料	直接人工	制造费用	合计
月初本步骤在产品成本	19 000	9 130	10 100	38 230
本月本步骤发生生产费用	86 000	29 440	17 830	133 270
本月本步骤生产费用合计	105 000	38 570	27 930	171 500
完工产成品的数量(件)	500	500	500	

（续表）

项　目	直接材料	直接人工	制造费用	合计
在产品约当产量（件）	200	165	165	
本步骤生产总量（件）	700	665	665	
本步骤费用分配率	150	58	42	
本步骤计入产成品成本的份额	75 000	29 000	21 000	125 000
月末在产品成本	30 000	9 570	6 930	46 500

注：直接材料在产品约当产量＝50＋80＋70＝200（件）
　　直接人工和制造费用在产品约当产量＝50＋80＋70×50％＝665（件）

表 4-17　　　　　　　　　　　产品成本计算单

第二步骤：B 半成品　　　　　　　　201×年 8 月　　　　　　　　金额单位：元

项　目	直接人工	制造费用	合计
月初本步骤在产品成本	3 910	4 000	7 910
本月本步骤发生生产费用	27 950	23 140	51 090
本月本步骤生产费用合计	31 860	27 140	59 000
完工产成品的数量（件）	500	500	
在产品约当产量（件）	90	90	
本步骤生产总量（件）	590	590	
本步骤费用分配率	54	46	
本步骤计入产成品成本的份额	27 000	23 000	50 000
月末在产品成本	4 860	4 140	9 000

注：直接人工和制造费用在产品约当产量＝50＋80×50％＝90（件）

表 4-18　　　　　　　　　　　产品成本计算单

第三步骤：C 产成品　　　　　　　　201×年 8 月　　　　　　　　金额单位：元

项　目	直接人工	制造费用	合计
月初本步骤在产品成本	2 110	1 200	3 310
本月本步骤发生生产费用	26 765	14 025	40 790
本月本步骤生产费用合计	28 875	15 225	44 100
完工产成品的数量（件）	500	500	
在产品约当产量（件）	25	25	
本步骤生产总量（件）	525	525	
本步骤费用分配率	55	29	
本步骤计入产成品成本的份额	27 500	14 500	42 000
月末在产品成本	1 375	725	2 100

注：直接人工和制造费用在产品约当产量＝50×50％＝25（件）

　　根据表 4-16～表 4-18 中计算的计入产成品成本的份额，编制产成品成本汇总计算表，见表 4-19。

表 4-19　　　　　　　　　　　**产成品成本汇总计算表**

产品名称:C 产成品　　　　　　　　　201×年 8 月　　　　　　　　　单位:元

项　　目	直接材料	直接人工	制造费用	合计
第一步骤	75 000	29 000	21 000	125 000
第二步骤	—	27 000	23 000	50 000
第三步骤	—	27 500	14 500	42 000
产成品总成本(500 件)	75 000	83 500	58 500	217 000
产成品单位成本	150	167	117	434

根据表 4-19 产成品成本汇总计算表和产成品入库单,编制如下会计分录:

借:库存商品——C 产成品　　　　　　　　　　　　　　　217 000

　　贷:基本生产成本——第一步骤(A 半成品)　　　　　　125 000

　　　　　　　　——第一步骤(B 半成品)　　　　　　　50 000

　　　　　　　　——第一步骤(C 产成品)　　　　　　　42 000

(四)平行结转分步法的特点

综上所述,平行结转分步法和逐步结转分步法相比,具有如下特点。

1. 各个步骤中只核算其直接消耗的费用

计算各个步骤产品成本时,半成品实物的转移不体现在账面上,即半成品完工一个步骤的生产继而进行下一步骤生产时或通过半成品库收发,在账上没有反映,只是在产成品最后完工转出时,把各个成本明细账中的份额由“生产成本”账户的贷方转入“库存商品”账户的借方。各个步骤中只核算其直接消耗的费用,不包括所耗的半成品成本,使计算归集过程比较简单,但会导致除第一步骤之外的其他各个步骤的成本费用不全面,不利于加强各个步骤的成本管理和控制。

2. 能直接提供按原始成本项目反映的产成品成本资料

采用平行结转分步法,每个步骤均按照原始成本项目进行反映,不必采用如逐步结转分步法那样要进行成本还原或者做大量的工作分项结转。

3. 不计算半成品成本

一方面,可以在企业半成品种类较多,管理上又没有要求提供各个步骤的半成品成本资料的情况下采用,简化了成本的计算工作;另一方面,正是由于没有做到实物结转和账面结转相一致,不利于采用如逐步结转分步法那样加强实物和资金的管理。

4. 成本分配对象是产成品和广义的在产品

采用平行结转分步法,月末每个步骤需要在广义的产成品和广义的在产品之间进行分配;而采用逐步结转分步法,月末每个步骤只需要在狭义的在产品和狭义的产品之间进行分配。

项目 5

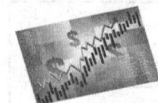

工业企业成本报表的编制与分析

能力目标	1. 能了解成本报表的作用、特点和分类。 2. 能正确编制成本报表。 3. 能使用单位成本报表的分析方式。
知识目标	1. 理解成本报表的作用。 2. 理解成本报表的特点。 3. 理解成本报表的分类。 4. 掌握成本报表的编制方式。 5. 掌握单位成本报表的分析方法。
素质目标	1. 培养学生的思考能力。 2. 掌握一定的管理知识。 3. 积极启发学生主动地思考问题，培养学生的创新能力。 4. 培养学生团队沟通和协作的态度，内外协调的能力。 5. 培养学生终身学习能力。

任务5.1 认识成本报表

一、任务布置

【任务5-1】 选择成本报表

长江工厂在编制201×年成本报表的过程中，需要将本年度和上年度的计划以及实际执行情况考虑在内，包含生产费用、直接人工费用、制造费用等。请你结合之前所学的知识，想一想，这样编制成本报表的作用是什么？你觉得可以用什么方式来编制成本报表？

二、知识链接

工业企业的成本报表是根据工业企业产品成本和期间费用的核算资料及其他有关资料编

制的,用来反映工业企业一定时期内产品成本和期间费用的水平和构成情况的报告文件。编制和分析成本报表,是成本会计工作的一项重要内容。

（一）成本报表的作用

利用成本报表,可以分析和考核企业成本、费用计划的执行情况,促使企业降低成本、节约费用,从而提高企业的经济效益。通过对成本报表的分析,还可以揭示工业企业在生产、技术、经营和管理方面取得的成绩以及存在的问题,进一步提高企业经营管理水平。此外,成本报表提供的实际成本、费用资料,还可以为企业确定产品价格,进行成本、费用和利润的预测,制定有关的生产经营决策等提供重要的数据资料。

（二）成本报表的特点

反映工业企业一定时期内产品成本和期间费用水平和构成情况的成本报表,是企业的商业秘密,不对外公布或报送,所以也称成本报表为对内管理会计报表。与对外报送的财务会计报表(包括资产负债表、利润表、现金流量表和所有者权益变动表)相比较,它有以下特点。

1. 成本报表是为企业内部经营管理的需要而编制的

正确、及时地编制成本报表,可以考核企业成本计划的完成情况,分析成本管理工作中的成绩和问题,以便挖掘降低成本、节约费用的潜力,及时作出生产决策,保持成本领先的优势。因此,为企业内部经营管理的需要而编制,是成本报表的主要特点。

2. 成本报表编制的时间、种类、格式、项目和内容等由企业自行决定

成本的核算方法,与企业的生产工艺过程、生产组织特点及其成本管理的要求密切相关。各个企业成本核算方法不同,所需成本信息也各有侧重点。因此,企业自行设计和编制成本报表,具有较大的灵活性和实用性。这是成本报表区别于财务会计报表的又一重要特点。

3. 成本报表提供的成本信息(成本指标)反映企业各方面的工作质量

成本资料所提供的信息最具综合性和全面性。企业产品产量的多少,质量的高低,原材料、燃料的节约与浪费,工人劳动生产率的高低和平均工资水平的变动,固定资产的利用程度,废品率的变化以及管理水平的高低等都会或多或少,直接或间接地反映到成本、费用上来。因此,成本报表提供的信息可以综合反映企业经营管理工作的质量。

（三）成本报表的种类

成本报表不是对外报送或公布的财务会计报表。因此,成本报表的种类、项目、格式和编制方法,由企业自行确定。根据成本、费用的特点以及管理的需要,成本报表一般包括产品生产成本表、主要产品单位成本表、制造费用明细表、销售费用明细表、管理费用明细表和财务费用明细表。

企业为了加强成本的日常管理,除了上列编制的报表以外,还可以设计和编制日常的成本报表,如主要产品成本旬报、日报等。本教材只涉及产品生产成本表、主要产品单位成本表和制造费用明细表的编制和分析。

任务 5.2   产品生产成本表的编制与分析

一、任务布置

【任务 5-2】 成本报表的分析方法

开元公司产品成本资料见表 5-1。

表 5-1 **产品成本表**

单位：开元公司   201×年 8 月   金额单位：元

产品名称	计量单位	实际产量	单位成本			总成本		
			上年实际平均	本年计划	本期实际	按上年实际平均单位成本计算	按本年计划单位成本计算	本期实际
可比产品合计								
甲	件	30	700	690	680			
乙	件	35	900	850	830			
不可比产品合计								
丙	件	20	—	400	460	—		
全部产品								

该企业的产值成本率计划数为 60 元/百元，产品产值本月实际数按现行价格计算为 102 000 元。

要求：

（1）计算和填列产品生产成本表中总成本各栏数字。

（2）分析全部产品生产成本计划的完成情况和产值成本率计划的完成情况。

二、知识链接

（一）产品生产成本表的编制

产品生产成本表是反映企业在报告期内生产的全部产品的总成本的报表。该表一般分为两种：一种按成本项目反映；另一种按产品种类反映。

1. 按成本项目反映的产品生产成本表的编制

按成本项目反映的产品生产成本表是按成本项目汇总反映企业在报告期内发生的全部生产成本和产品生产成本合计额的报表。

在按成本项目反映的产品生产成本表中，上年实际数应根据上年 12 月份本表的本年累计实际数填列；本年计划数应根据成本计划有关资料填列；本年累计实际数应根据本月实际数加上上月份本表的本年累计实际数计算填列。

【例 5-1】 某公司按成本项目编制的产品生产成本表见表 5-2。

表 5-2 **产品生产成本表（按成本项目反映）**

编制单位：长江工厂   201×年 12 月   单位：元

项 目	上年实际	本年计划	本月实际	本年累计实际
生产费用				
1. 直接材料费用	568 700	568 300	42 100	489 000
其中：原材料	338 000	337 800	32 000	354 000
燃料	230 700	230 500	10 100	135 000
2. 直接人工费用	469 000	469 500	31 000	376 000

（续表）

项　目	上年实际	本年计划	本月实际	本年累计实际
3. 制造费用	266 300	266 000	29 200	274 600
生产成本合计	1 304 000	1 303 800	102 300	1 139 600
加:在产品、自制半成品 期初余额	44 000	43 500	26 700	19 800
减:在产品、自制半成品 期末余额	26 000	36 300	31 000	31 000
产品生产成本合计	1 322 000	1 311 000	98 000	1 128 400

2. 按产品种类反映的产品生产成本表的编制

按产品种类反映的产品生产成本表是按产品种类汇总反映企业在报告期内生产的全部产品的单位成本和总成本的报表。

【例 5-2】　某公司按产品种类编制的产品生产成本表见表 5-3。

表 5-3　　　　　　　　　　　**产品生产成本表(按产品种类反映)**

编制单位:长江工厂　　　　　　　　　　201×年 12 月　　　　　　　　　　金额单位:元

实际产量(件)		单位成本				本月总成本			本年累计总成本		
本月	本年累计	上年实际平均	本年计划	本月实际	本年累计实际平均	按上年实际平均单位成本计算	按本年计划单位成本计算	本月实际	按上年实际平均单位成本计算	按本年计划单位成本计算	本年实际
(1)	(2)	(3)	(4)	(5)=(9)÷(1)	(6)=(12)÷(2)	(7)=(1)×(3)	(8)=(1)×(4)	(9)	(10)=(2)×(3)	(11)=(2)×(4)	(12)
200	2 500	252	255	250	244	50 400	51 000	50 000	630 000	637 500	610 000
300	3 200	165	56	160	162	49 500	46 800	48 000	528 000	499 200	518 400
—	—	—	—	—	—	99 900	97 800	98 000	1 158 000	1 136 700	1 128 400

在按产品种类反映的产品生产成本表中,各种产品的本月实际产量,应根据相应的产品成本明细账填列。本年累计实际产量,应根据本月实际产量,加上上月本表的本年累计实际产量计算填列。上年实际平均单位成本,应根据上年度本表所列全部累计实际平均单位成本填列;本年计划单位成本,应根据本年度成本计划填列;本月实际单位成本,应根据表中本月实际总成本除以本月实际产量计算填列。如果在产品成本明细账或产成品成本汇总表中有现成的本月产品实际的产量、总成本和单位成本,表中这些项目都可以根据产品成本明细账或产成品成本汇总表填列。产品生产成本表中本年累计实际平均单位成本,应根据表中本年累计实际总成本除以本年累计实际产量计算填列。按上年实际平均单位成本计算的本月总成本和本年累计总成本,应根据本月实际产量和本年累计实际产量,乘以上年实际平均单位成本计算填列。按本年计划单位成本计算的本月总成本和本年累计总成本,应根据本月实际产量和本年累计实际产量,乘以本年计划单位成本计算填列。本月实际总成本,应根据产品成本明细账或产成品成本汇总表填列。本年累计实际总成本,应根据产品成本明细账或产成品成本汇总表本年各月产成品成本计算填列。如果有不合格品,应单列一行,并注明"不合格品"字样,不应与合格产品合并填列。

对于可比产品,如果企业规定有本年成本比上年成本的降低额或降低率的计划指标,还应根据产品生产成本表资料计算成本的实际降低额或降低率,作为该表的补充资料填列在表的下端。如果本年可比产品成本比上年不是降低,而是升高,上列成本的降低额和降低率应用负数填列;如果企业可比产品品种不多,其成本降低额和降低率也可以按产品品种分别计算。

可比产品成本的降低额和降低率的计算公式如下:

$$\begin{array}{l}\text{可比产品}\\\text{成本降低额}\end{array}=\begin{array}{l}\text{可比产品按上年实际平均单位}\\\text{成本计算的本年累计总成本}\end{array}-\begin{array}{l}\text{本年累计实}\\\text{际总成本}\end{array}$$

$$\begin{array}{l}\text{可比产品}\\\text{成本降低率}\end{array}=\begin{array}{l}\text{可比产品}\\\text{降低额}\end{array}\div\begin{array}{l}\text{可比产品按上年实际平均单位}\\\text{成本计算的本年累计总成本}\end{array}\times100\%$$

(二)产品生产成本表的分析

1. 按成本项目反映的产品生产成本表的分析

按成本项目反映的产品生产成本表,一般可以采用对比分析法、构成比率分析法和相关指标比率分析法进行分析。

(1)对比分析法。对比分析法也称比较分析法,它是通过实际数与基数的对比来揭示实际数与基数之间的差异,借以了解经济活动的成绩和问题的一种分析方法。

对比的基数由于分析的目的不同而有所不同,一般有计划数、定额数、前期实际数、以往年度同期实际数以及本企业历史先进水平和国内外同行业的先进水平等。

对比分析法只适用于同质指标的数量对比。在采用这种分析法时,应当注意相比指标的可比性。进行对比的各项指标,在经济内容、计算方法、计算期和影响指标形成的客观条件等方面,应有可比的共同基础。如果相比的指标之间有不可比因素,应先按可比的口径进行调整,然后再进行对比。

(2)构成比率分析法。构成比率分析法是通过计算某项指标的各个组成部分占总体的比重,即部分与全部的比率,进行数量分析的方法。这种比率分析法也称比重分析法。通过这种分析,可以反映产品成本的构成是否合理。产品成本构成比率的计算公式列示如下:

$$\text{直接材料成本比率}=\text{直接材料成本}\div\text{产品成本}\times100\%$$

$$\text{直接人工成本比率}=\text{直接人工成本}\div\text{产品成本}\times100\%$$

$$\text{制造费用比率}=\text{制造费用}\div\text{产品成本}\times100\%$$

(3)相关指标比率分析法。相关指标比率分析法是计算两个性质不同而又相关的指标的比率进行数量分析的方法。在实际工作中,由于企业规模不同等原因,单纯地对比产值、销售收入或利润等绝对数多少,不能说明各个企业经济效益好坏,如果计算成本与产值、销售收入或利润相比的相对数,即产值成本率、销售收入成本率或成本利润率,就可以反映各企业经济效益的好坏。

产值成本率、销售收入成本率和成本利润率的计算公式如下:

$$\text{产值成本率}=\text{成本}\div\text{产值}\times100\%$$

$$\text{营业收入成本率}=\text{成本}\div\text{销售收入}\times100\%$$

$$\text{成本利润率}=\text{利润}\div\text{成本}\times100\%$$

从上述计算公式可以看出,产值成本率和销售收入成本率高的企业经济效益差;这两种比率低的企业经济效益好。而成本利润率则与之相反,成本利润率高的企业经济效益好;成本利润率低的企业经济效益差。

2. 按产品种类反映的产品生产成本表的分析

按产品种类反映的生产成本表的分析,一般可以从以下两个方面进行:一是本期实际成本与计划成本的对比分析;二是本期实际成本与上年实际成本的对比分析。

1) 本期实际成本与计划成本的对比分析

【例 5-3】 依据表 5-2 和产品成本计划,进行全部产品成本计划完成情况按成本项目的分析,见表 5-4。

表 5-4　　　　　　　　　　全部产品成本计划完成情况分析

编制单位:长江工厂　　　　　　　　　　201×年度　　　　　　　　　　金额单位:元

成本项目	实际产量的总成本		与计划成本比	
	按本年计划单位成本计算	本年实际	成本降低额	成本降低率(%)
直接材料	491 000	496 000	−5 000	−1.02
直接人工	368 000	379 000	−11 000	−2.99
制造费用	277 700	253 400	24 300	8.75
合计	1 136 700	1 128 400	8 300	0.73

从表 5-4 中可以看到,按成本项目反映的全部产品成本计划完成情况,与计划比较的成本降低额为 8 300 元,成本降低率为 0.73%,与按产品类别反映的全部产品成本计划完成情况的分析结果完全相同。从表中可以看出,构成产品总成本的三个成本项目:制造费用项目完成了计划降低率为 8.75%;直接材料和直接人工项目均超支,与计划比较的降低率分别为 −1.02% 和 −2.99%,超支的原因应进一步分析。

2) 本期实际成本与上年实际成本的对比分析

对于可比产品,还可以进行这一方面的成本对比,分析可比产品成本本期比上年的升降情况。如果企业规定有可比产品成本降低计划,即成本的计划降低率或降低额,还应进行可比产品成本降低计划执行结果的分析。但是,应注意可比产品与不可比产品的划分是否正确。

【例 5-4】 以表 5-3 的资料及成本计划的相关资料,进行全部产品成本计划完成情况按产品种类的分析,见表 5-5。

表 5-5　　　　　　全部产品成本计划完成情况分析表——按产品类别分析

编制单位:长江工厂　　　　　　　　　　201×年度　　　　　　　　　　金额单位:元

产品名称	实际产量(件)	单位成本(元)			实际产量的总成本			与实际成本比	
		上年实际	本年计划	本年实际	按上年实际平均单位成本计算	按本年计划单位成本计算	本年实际	成本降低额	成本降低率(%)
甲	2 500	252	255	250	630 000	637 500	610 000	20 000	3.17
乙	3 200	165	156	160	528 000	499 200	518 400	9 600	1.82
合计	—	—	—	—	1 158 000	1 136 700	1 128 400	29 600	2.56

在全部产品成本计划完成情况分析表中,为了保证指标的可比性,总成本都是按实际产量计算的。在[例 5-4]中,本年实际成本与上年实际成本比较,总成本节约了 29 600 元,成本降低率降低了 2.56%。甲产品成本计划完成得较好,成本降低额为 20 000 元,成本降低率为

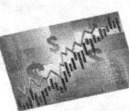

3.17%;乙产品成本计划完成得也不错,其成本比上年实际节约了 9 600 元,降低率为 1.82%。实际执行情况都比较理想,实际成本都得到了降低。

(1) 可比产品成本升降情况分析。可比产品成本升降情况的分析,可以按产品品种进行,也可以按全部可比产品进行。可比产品成本的降低计划一般按全部可比产品综合规定,因而可比产品成本降低计划执行结果的分析一般按全部可比产品综合进行。进行分析时,应当根据产品生产成本表中所列全部可比产品和各种可比产品的本月实际总成本和本年累计实际总成本,分别与其本月按上月实际平均单位成本计算的总成本和本年按上年实际平均单位成本计算的累计总成本进行比较,确定全部可比产品和各种可比产品本期实际成本与上年实际成本的差异,了解成本升降的情况。

(2) 可比产品成本降低计划执行结果的分析。可比产品成本的计划降低额是根据各种产品的计划产量确定的,实际降低额是根据实际产量计算的。在产品品种比重和产品单位成本不变的情况下,产量增减会使成本降低额发生同比例的增减,但由于按上年实际平均单位成本计算的本年累计总成本也发生了同比例的增减,因而不会使成本降低率发生变动(成本降低率计算分式的分子和分母同比例变动,其结果不变)。产品单位成本的变动,则会影响成本降低额和降低率同时发生变动。产品单位成本降低使成本降低额和降低率增加;反之,则会减少。此外,由于各种产品的成本降低程度不同,因而产品品种比重的变动,也会影响成本降低额和降低率同时发生变动。成本降低程度大的产品比重增加会使成本降低额和降低率增加;反之,则会减少。因此,影响可比产品成本降低率变动的因素有两个,即产品品种比重变动和产品单位成本变动;影响可比产品成本降低额变动的因素有三个,即产品产量变动、产品品种比重变动和产品单位成本变动。

任务 5.3　单位成本报表和制造费用表的分析

一、任务布置

【任务 5-3】　单位成本报表的分析

甲产品的单位成本表见表 5-6。

表 5-6　　　　　　　　　　主要产品单位成本表

单位:昌化公司　　　　　　　　　　201×年 10 月　　　　　　　　　　金额单位:元

成本项目	上年实际平均	本年计划	本期实际
原材料	1 862	1 890	2 047
人工费	150	168	164
制造费用	248	212	209
合计	2 260	2 270	2 420

单位甲产品耗用原材料的资料如下:

成本项目	上年实际平均	本年计划	本期实际
原材料(千克)	950	900	890
原材料单价	1.96	2.10	2.30

要求:根据上述资料,分析甲产品单位成本变动情况并分析影响原材料费用变动的因素和各因素对变动的影响程度。

二、知识链接

(一)主要产品单位成本表

主要产品单位成本表是反映企业在报告期内生产的各种主要产品单位成本构成情况的报表。该表应当按照主要产品分别编制,是按产品种类反映的产品生产成本表中某些主要产品成本的进一步反映。

主要产品单位成本表的分析应当选择成本超支或节约较多的产品有重点地进行,以更有效地降低产品的单位成本。在进行分析时,企业可以根据表中本期实际的生产成本(即本期实际的单位成本合计数)与其他各种生产成本进行对比,对产品单位成本进行一般的分析;然后按其成本项目(包括直接材料成本、直接人工成本、制造费用等)进行具体的分析。分析的方法主要采用对比分析法和趋势分析法等。

1. 一般分析

【例 5-5】　依据[例 5-4]中甲产品的资料及其他相关资料编制长江工厂的主要产品单位成本表,见表 5-7。

表 5-7　　　　　　　　　　　　　主要产品单位成本表

编制单位:长江工厂　　　　　　　　　　　　　　　　　　　　　编制日期:201×年 12 月
产品名称:甲产品　　　　　　　　　　　　　　　　　　　　　　销售单价:450 元
产品规格:××　　　　　　　　　　　　　　　　　　　　　　本月实际产量:200 件
金额单位:元　　　　　　　　　　　　　　　　　　　　　本年累计实际产量:2 500 件

成本项目	历史先进水平	上年实际平均	本年计划	本月实际	本年累计实际平均
单位产品生产成本	235	252	255	250	244
其中:直接材料	98	101	110	105	99
直接人工	76	89	78	73	81
制造费用	61	62	67	72	64

在表 5-7 中,产品销售单价应根据产品定价表填列;本月实际产量应根据产品成本明细账或产成品成本汇总表填列;本年累计实际产量应根据上月本表的本年累计实际产量加上本月实际产量计算填列。表中历史先进单位成本应根据历史上该种产品成本最低年度的成本计算资料填列;上年实际平均单位成本、本年计划单位成本、本月实际单位成本等指标的填列方法,与"产品生产成本表(按产品种类反映)"中单位生产成本的填列方法基本相同,主要产品单位成本表仅增加了分成本项目的资料。

主要产品是指分析期正常生产、大量生产的产品,其产量、消耗量、成本、收入及利润在全部产品中所占比重很大,是成本分析的重点。主要产品一般在上年生产过,有上年成本资料可以比较,所以,也称为可比产品。在产品成本计划中,除了规定主要产品的计划单位成本和计划总成本以外,还规定了与上年比较的成本降低任务,即可比产品计划成本降低额和降低率。因此,主要产品成本计划完成的分析主要是成本降低任务完成的分析。在分析时,应结合产品

生产成本表进行,以便更全面地了解企业的情况。分析的重点应选择成本超支或节约较多的产品进行,以便克服缺点,吸取经验,更有效地降低产品的单位成本。

分析主要产品成本降低任务的完成情况,应采用连环替代分析法的基本原理。其步骤为①确定分析对象。②确定影响成本降低任务完成的主要因素。③计算出各个因素变动对成本降低任务完成的影响程度。

1)确定分析对象

主要产品成本降低任务完成情况的分析,其分析对象是主要产品实际成本降低额与计划成本降低额的差额,以及主要产品实际成本降低率与计划成本降低率的差额。

【例5-6】 长江工厂本年主要产品成本计划表和产品品种结构计算表见表5-8和表5-9,其他资料见表5-5。

表5-8   产品成本计划表

编制单位:长江工厂   201×年度   金额单位:元

产品名称	计量单位	计划产量	单位成本		计划产量的总成本		成本降低任务	
			上年实际	本年计划	按上年实际单位成本计算	按本年计划单位成本计算	成本降低额	成本降低率(%)
甲产品	件	3 000	252	255	756 000	765 000	−9 000	−1.19
乙产品	件	3 500	165	156	577 500	546 000	31 500	5.45
合计	—		—		1 333 500	1 311 000	22 500	1.69

表5-9   产品品种结构计算表

编制单位:长江工厂   201×年   金额单位:元

产品名称	计划产量(件)	实际产量(件)	上年单位成本	计划产量按上年单位成本计算的总成本	计划品种结构(%)	实际产量按上年单位成本计算的总成本	实际品种结构(%)
甲产品	3 000	2 500	252	756 000	56.7	630 000	54.4
乙产品	3 500	3 200	165	577 500	43.3	528 000	45.6
合计	—	—	—	1 333 500	100.0	1 158 000	100.0

根据表5-8提供的资料可知,该厂产品计划产量按上年实际平均单位成本计算的总成本为1 333 500元,计划总成本为1 311 000元,计划成本降低额为22 500元,计划成本降低率为1.69%。由表5-8可见,计划成本降低额和降低率是与上年比较计算的,因此,为了便于考核,主要产品实际成本降低额和降低率也应与上年比较计算。

根据表5-8提供的资料,该厂产品实际产量按上年平均单位成本计算的总成本为1 158 000元,实际总成本为1 128 400元,与上年相比,主要产品实际成本降低额为29 600元(1 158 000−1 128 400),实际成本降低率为2.56%(29 600÷158 000)。

以上计算结果表明,企业主要产品实际成本降低额比计划多完成7 100元(29 600−22 500),实际成本降低率较计划高0.87%(2.56%−1.69%)。成本降低额7 100元和成本降低率0.87%就是我们要进行因素分析的对象。这一确定分析对象的计算过程见表5-10。

表 5-10 　　　　　　　　　　　**主要产品成本降低任务完成情况分析表**

编制单位:长江工厂　　　　　　　　　　　　201×度

项　　目	成本降低额(元)	成本降低率(%)
1. 计划数		
甲产品	756 000－765 000＝－9 000	－9 000÷756 000＝－1.19
乙产品	577 500－546 000＝31 500	31 500÷577 500＝5.45
合计	1 333 500－1 311 000＝22 500	22 500÷1 333 500＝1.69
2. 实际数		
甲产品	630 000－610 000＝20 000	20 000÷630 000＝3.17
乙产品	528 000－518 400＝9 600	9 600÷528 000＝1.82
合计	1 158 000－1 128 400＝29 600	29 600÷1 158 000＝2.56
3. 差异数(分析对象)		
甲产品	20 000－(－9 000)＝29 000	3.17%－(－1.19%)＝4.36
乙产品	9 600－31 500＝－21 900	1.82%－5.45%＝－3.63
合计	29 600－22 500＝7 100	2.56%－1.69%＝0.87

2) 确定影响成本降低任务完成的因素

表 5-10 的计算结果表明,企业主要产品成本降低任务完成得很好,成本降低额比计划多完成 7 100 元,成本降低率多 0.87%。从分产品来看,甲产品的成本降低额和降低率都完成了计划,但乙产品没有完成。

影响主要产品成本降低任务完成的因素,从单一产品来看,影响成本降低率的因素主要有产品单位成本;影响成本降低额的有产品单位成本和产品产量两个因素。从多种产品综合来看,影响成本降低率的因素主要有产品单位成本和产品品种结构;影响成本降低额的有产品单位成本、产品产量和产品品种结构三个因素。

3) 计算各个因素变动对成本降低任务完成的影响程度

(1) 产品单位成本变动的影响。在影响主要产品成本降低任务完成的各个因素中,产品单位成本是最主要的因素。它既影响成本降低额又影响成本降低率。单位成本变动对主要产品成本计划降低任务完成的影响,可以用以下公式计算:

$$\begin{matrix}产品单位成本变动对\\成本降低额的影响\end{matrix}=\begin{matrix}实际产量按计划单位\\成本计算的总成本\end{matrix}-实际总成本$$

$$\begin{matrix}产品单位成本变动对\\成本降低率的影响\end{matrix}=\frac{产品单位成本变动影响的成本降低额}{实际产量按上年实际平均单位成本计算的总成本}\times100\%$$

a. 从一种产品来看:根据表 5-5 的资料,甲产品单位成本变动对成本降低任务完成情况的影响,计算如下:

甲产品单位成本变动对成本降低额的影响＝637 500－610 000＝27 500(元)

甲产品单位成本变动对成本降低率的影响＝27 500÷630 000×100%＝4.37%

b. 从多种产品综合来看:根据表 5-4 的资料,产品单位成本变动对成本降低任务完成情况的影响,计算如下:

产品单位成本变动对成本降低额的影响＝1 136 700－1 128 400＝8 300(元)

产品单位成本变动对成本降低率的影响＝8 300÷1 158 000×100%＝0.72%

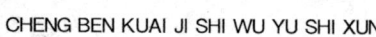

（2）产品品种结构变动的影响。产品品种结构是指各种产品在总成本中的比重。由于各种产品的计划降低率不同，当某一种产品产量在总产量中的比重发生了变化，会影响成本降低任务的完成程度。因为产品实物数量不能综合，在产品品种结构的分析中，总产量是根据各种产品的实物产量乘以该产品上年实际平均单位成本来综合计算的。根据表5-7和表5-8的资料计算产品品种结构变动对成本降低额和降低率的影响：

$$计划成本降低率 = -1.19\% \times 56.7\% + 5.45\% \times 43.3\% = 1.69\%$$

$$\begin{array}{c}结构变动以后的综合成本降低率 \\ （各种产品的计划成本降低率不变）\end{array} = -1.19\% \times 54.4\% + 5.45\% \times 45.6\% = 1.84\%$$

$$产品品种结构变动对成本降低率的影响 = 1.84\% - 1.69\% = 0.15\%$$

$$产品品种结构变动对成本降低额的影响 = 0.15\% \times 1\,158\,000 = 1\,737（元）$$

上述计算结果表明，在甲、乙两种产品的计划成本降低率（-1.19%和5.45%）不变的情况下，由于产品品种结构的变动，使该企业主要产品的综合成本降低率由1.69%提高到1.84%，增加了0.15个百分点。

在实际工作中，产品品种结构变动对成本降低额和降低率的影响，用如下公式直接计算：

$$\begin{array}{c}产品品种结构变动对 \\ 成本降低率的影响\end{array} = \frac{\begin{array}{c}实际产量按上年实际平均 \\ 单位成本计算的总成本\end{array} - \begin{array}{c}实际产量按计划单位 \\ 成本计算的总成本\end{array}}{\begin{array}{c}实际产量按上年实际平均单位 \\ 成本计算的总成本\end{array}} - 计划成本降低率$$

$$\begin{array}{c}产品品种结构变动 \\ 对成本降低额的影响\end{array} = \begin{array}{c}实际产量按上年实际平均 \\ 单位成本计算的总成本\end{array} \times \begin{array}{c}产品品种结构变动 \\ 对成本降低率的影响\end{array}$$

上述计算用公式表示如下：

$$产品结构变动影响的成本降低率 = (1\,158\,000 - 1\,136\,700) \div 1\,158\,000 - 1.69\% = 0.15\%$$

$$产品结构变动影响的成本降低额 = 1\,158\,000 \times 0.15\% = 1\,737（元）$$

（3）产品产量变动的影响。产品产量的变动只影响成本降低额，而不影响成本降低率。产品产量变动对成本降低额的影响计算如下：

$$\begin{array}{c}产品产量变动对 \\ 成本降低额的影响\end{array} = \left(\begin{array}{c}实际产量按上年实际平均 \\ 单位成本计算的成本额\end{array} - \begin{array}{c}计划产量按上年实际平均 \\ 单位成本计算的成本额\end{array}\right) \times \begin{array}{c}计划成本 \\ 降低率\end{array}$$

a. 从一种产品来看：根据表5-7和表5-8的资料，甲产品产量变动对成本降低额的影响计算如下：

$$甲产品产量变动对成本降低额的影响 = (630\,000 - 756\,000) \times (-1.19\%) = 1\,499.4（元）$$

b. 从多种产品综合来看：根据表5-7和表5-8的资料，甲、乙产品产量变动对成本降低额的影响计算如下：

$$产品产量变动对成本降低额的影响 = (1\,158\,000 - 1\,333\,500) \times 1.69\% = -2\,965.95（元）$$

2. 各主要项目分析

1）直接材料成本的分析

直接材料实际成本与计划成本之间的差额构成了直接材料成本差异。形成该差异的基本原因:一是用量偏离标准;二是价格偏离标准。前者按计划价格计算,称为数量差异;后者按实际用量计算,称为价格差异。有关计算公式如下:

$$材料消耗量变动的影响＝(实际数量－计划数量)×计算价格材料价格变动的影响$$
$$＝实际数量×(实际价格－计划价格)$$

2) 直接人工成本的分析

直接人工实际成本与计划成本之间的差额构成了直接人工成本差异。形成该差异的基本原因:一是量差,指实际工时偏离计划工时,其差额按计划每小时工资成本计算确定的金额,称为单位产品所耗工时变动的影响;二是价差,指实际每小时工资成本偏离计划每小时工资成本,其差额按实际工时计算确定的金额,称为每小时工资成本变动的影响。

单位产品所耗工时的节约,一般是生产工人提高了劳动的熟练程度,从而提高了劳动生产率的结果;但也不排斥是由于偷工减料造成的。应查明节约工时以后是否影响了产品质量。通过降低产品质量来节约工时,是不被允许的。

每小时工资成本是以生产工资总额除以生产工时总额计算求出的。工资总额控制得好,生产工资总额减少,会使每小时工资成本节约;否则会使每小时工资成本超支。对生产工资总额变动的分析,可以与前述按成本项目反映的产品生产成本表中直接人工成本的分析结合起来进行。

在工时总额固定的情况下,非生产工时控制得好,减少非生产工时,增加生产工时总额会使每小时工资成本节约;否则会使每小时工资成本超支。因此,要查明每小时工资成本变动的具体原因,还应对生产工时的利用情况进行调查研究。

(二) 制造费用明细表的编制和分析

制造费用明细表是反映工业企业在报告期内发生的制造费用总额及其构成情况的报表。制造费用的构成,除了按照费用明细项目反映外,还应按照生产单位反映,该表汇集的制造费用只反映基本生产车间制造费用,不包括辅助生产车间制造费用。

1. 制造费用明细表的结构和编制

该表一般按照制造费用的明细项目分别反映各该费用的本年计划数、上年同期实际数、本月实际数和本年累计实际数。利用制造费用明细表,可以分析制造费用的构成和增减变动情况,考核制造费用预算的执行情况。

【例 5-7】 编制长江工厂制造费用明细表,见表 5-11。

表 5-11 　　　　　　　　　　　　　　　　制造费用明细表

编制单位:长江工厂　　　　　　　　　　201×年 12 月　　　　　　　　　　单位:元

费用项用	本年计划数	上年同期实际数	本月实际数	本年累计实际数
人工费	410 000	36 000	31 000	376 000
折旧费	260 000	22 800	22 300	260 300
办公费	33 000	3 220	3 500	31 000
水电费	128 000	12 000	11 500	100 700
机物料消耗	240 000	1 500	1 860	23 000
劳动保护费	6 400	600	700	7 000

（续表）

费用项用	本年计划数	上年同期实际数	本月实际数	本年累计实际数
在产品盘亏、毁损				
停工损失		2 190	0	8 000
其他	12 000	780	1 300	15 730
合计	1 089 400	79 090	72 160	821 730

在表 5-11 中，本年计划数应该根据本年制造费用的预算资料填列；上年同期实际数应根据上年同期本表的本月实际数填列；本月实际数应根据"制造费用"总账账户所属的各基本生产车间制造费用明细账本月月末的累计数汇总计算填列；本年累计实际数根据制造费用明细账中各费用项目本年累计发生额填列，也可以将本月实际数加上上月本表中本年累计实际数后填列。如果需要，也可以根据制造费用的分月计划，在表 5-11 中加列本月计划数。

2. 制造费用明细表的分析

对制造费用明细表进行分析所应采用的方法，主要是对比分析法和构成比率分析法。

在采用对比分析法时，通常先将本月实际数与上年同期实际数进行对比，揭示本月实际与上年同期实际之间的增减变化。在表中列有本月计划数的情况下，则应先进行本月实际数与本月计划数的对比，以便分析和考核制造费用月份计划的执行情况。在将本年累计实际数与本年计划数进行对比时，如果该表不是 12 月份的报表，这两者的差异只反映年度内计划完成情况，它能发出信号，提醒人们注意已经发生的问题。假定编制 5 月份的报表，而其本年累计实际数已经接近、达到甚至超过本年计划的一半数量，就应注意节约以后各月的费用，以免全年的实际数超过计划数。如果该表是 12 月份的报表，则本年累计实际数与本年计划数的差异就是全年费用计划执行的结果。为了具体分析制造费用增减变动及计划执行情况的好坏和原因，上述对比分析应该按照费用项目进行。由于制造费用的项目很多，分析时应当选择超支或节约数额较大或者费用比重较大的项目有重点地进行。

各项制造费用的性质和用途不同，评价各项目费用超支或节约时应该联系费用的性质和用途进行具体分析，不能简单地将一切超支都看作是不合理的、不利的；也不能简单地将一切节约都看成是合理的、有利的。例如，劳动保护费的节约，可能会使职工缺少必要的劳动保护措施，影响安全生产。只有在保证安全生产的条件下节约劳动保护费才是合理的、有利的。又如，机物料消耗的超支也可能是由于追加了生产计划，增加了开工班次，相应增加了机物料消耗的结果。这样的超支也是合理的，不是成本管理的责任。

此外，在分项目进行制造费用分析时，还应特别注意"在产品盘亏和毁损"和"停工损失"等非生产性损失项目的分析。这些项目的发生额都是生产管理不良的结果。在分析"在产品盘亏和毁损"项目时，还应注意其中有无盘盈的抵销数。因为在产品盘盈的价值会冲减、掩盖一部分盘亏和毁损的损失。在产品盘盈也是由于生产管理不良或者核算上差错造成的，不是生产车间工作的成绩。

在采用构成比率分析法时，可以计算某项费用合计数的构成比率，也可将制造费用分为与机器设备使用有关的费用（如机器设备的折旧费、机物料消耗等，如果动力费不专设成本项目，还应包括动力费）和与机器设备使用无关的费用（如车间管理人员薪酬、办公费等），以及非生产性损失等几类,分别计算其占制造费用合计数的构成比率。可以将这些构成比率与企业或车间的生产技术特点联系起来,分析其构成是否合理;也可以将本月实际和本年累计实际的构成比率与本年计划的构成比率和上年同期实际的构成比率进行对比,揭示其差异和与上年同期的增减变化,分析差异的增减变化是否合理。

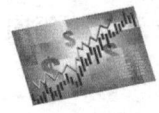

分项目练习题

项目1 成本核算导读

一、单项选择题

1. 从理论上讲,成本是产品价值中的(   )部分。

A. C+V+M   B. C+V   C. V+M   D. C+M

2. 成本会计最基本的任务和中心环节是(   )。

A. 成本预测,成本计划   B. 审核和控制各项费用的支出

C. 进行成本核算,提供实际成本的核算资料   D. 参与企业的生产经营决策

3. 在实际工作中,工业企业的产品成本包括(   )。

A. 废品损失   B. 销售机构发生的费用

C. 行政管理费用   D. 筹集资金费用

4. 成本这种资金耗费,是相对于(   )而言的。

A. 一定对象   B. 一定时期   C. 一个会计主体   D. 一个企业

5. 我国会计工作的基本法是(   )。

A.《中华人民共和国会计法》   B.《企业财务通则》

C. 企业会计基本准则和具体会计准则   D. 企业会计制度

6. 集中工作方式和分散工作方式是指(   )。

A. 企业内部成本会计对象   B. 企业内部成本会计职能

C. 企业内部各级成本会计机构   D. 企业内部成本会计方法

7. 产品成本是指为制造一定数量、一定种类的产品而发生的以货币表现的(   )。

A. 物化劳动耗费   B. 各种耗费   C. 原材料耗费   D. 人工耗费

8. 对企业生产经营过程中所发生的各种成本,按照一定的对象和标准进行归集和分配,并进行相应的账务处理的过程是(   )。

A. 成本会计   B. 成本核算   C. 成本预测   D. 成本计划

9. 成本会计的统一计量尺度是(   )

A. 人民币   B. 劳动量度   C. 货币量度   D. 实务量度

10. 使用"预提费用"账户核算的原因是(   )。

A. 划分各种产品费用的界限

B. 划分产品生产费用和生产经营费用的界限

C. 划分生产经营费用和非生产经营费用的界限

D. 划分各个月份费用的界限

11. 为了保证成本会计工作质量,首先必须(　　)。

A. 确定成本计算期　　　　　　　　　　B. 确定成本计算对象

C. 确定成本项目　　　　　　　　　　　D. 做好成本核算的基础工作

12. 如果将资本性支出等非生产经营费用计入当期生产经营费用,则(　　)。

A. 只影响产品成本,不影响期间费用　　B. 影响产品成本或期间费用

C. 影响产品成本和期间费用　　　　　　D. 只影响期间费用,不影响产品成本

13. 期末企业将(　　)在完工产品和期末在产品之间进行分配。

A. 期初在产品成本加上本期发生的生产费用

B. 本期发生的生产费用

C. 期初在产品成本

D. 本期发生的生产费用减去期初在产品成本

14. 关于费用界限划分,下列说法中,正确的是(　　)。

A. 收益性支出应计入期间费用

B. 制造费用应当计入期间费用

C. 制造费用应当计入产品成本

D. 凡为生产某种产品发生的费用应当直接计入该产品的成本

15. 成本核算的一般程序不包括(　　)。

A. 费用的审核和控制

B. 生产费用在各个成本计算对象之间的分配

C. 期间费用在各个成本计算对象之间的分配

D. 生产费用在本期完工产品和期末在产品之间的分配

16. 需要在各个成本计算对象之间分配的生产费用数额,是指(　　)。

A. 期初在产品成本　　　　　　　　　　B. 本期发生的生产费用

C. 期初在产品成本加上本期发生的生产费用　D. 期末在产品成本

17. 下列费用中,不属于产品生产费用的是(　　)。

A. 制造费用　　　　B. 管理费用　　　　C. 直接材料　　　　D. 直接人工

二、多项选择题

1. 成本会计的职能包括(　　)。

A. 成本预测和成本计划　　　　　　　　B. 成本决策和成本核算

C. 成本分析和成本控制　　　　　　　　D. 成本考核和成本检查

2. 下列各项中,应计入期间费用的项目有(　　)。

A. 管理费用　　　　B. 制造费用　　　　C. 采购成本　　　　D. 销售费用

3. 理论成本是指产品在生产过程中耗费的(　　)。

A. 物化劳动　　　　B. 部分物化劳动　　C. 活劳动　　　　　D. 部分活劳动

4. 下列支出中,应明确计入产品成本的支出有(　　)。

A. 制造费用　　　　　　　　　　　　　B. 折旧费用

C. 生产工人的工资　　　　　　　　　　　D. 生产单位的折旧费用

5. 工业企业成本核算的一般程序包括(　　　)。

A. 对企业的各项支出、费用进行严格的审核和控制

B. 将产品生产费用和期间费用归属于恰当的期间

C. 将产品生产费用在各种产品之间进行分配和归集

D. 将产品生产费用在本月完工产品与月末在产品之间进行分配和归集

6. 产品成本核算的基础工作包括(　　　)。

A. 完善材料的收发、领退和盘存制度　　　B. 划清不同期间的费用界限

C. 建立成本核算的原始记录　　　　　　　D. 划清不同产品的费用界限

7. 下列项目中,应计入企业生产经营费用的有(　　　)。

A. 购置仪器设备费用　　　　　　　　　　B. 行政管理人员工资

C. 设备的折旧费用　　　　　　　　　　　D. 车间管理人员工资

8. 下列项目中,构成产品成本的有(　　　)。

A. 直接材料　　　　B. 管理费用　　　　C. 财务费用　　　　D. 生产工人工资

9. 划清(　　　)界限是正确计算产品成本的前提。

A. 各种产品的费用　　　　　　　　　　　B. 产品生产费用和期间费用

C. 生产经营费用和非生产经营费用　　　　D. 财务费用和销售费用

10. 工业企业为了计算产品成本必须(　　　)。

A. 正确划分应计入产品的成本和不应计入产品的成本

B. 正确划分各类产品的生产费用

C. 正确划分计入各个会计期间的生产费用

D. 正确分配完工产品和月末在产品成本

11. (　　　)的工资应由产品成本负担。

A. 车间管理人员　　　B. 生活福利部门人员　　C. 在建工程人员　　　D. 生产工人

三、判断题

1. 期间费用一般应当分配计入产品或者劳务的成本。　　　　　　　　　　　　(　　　)

2. 成本会计的基本工作是成本决策工作。　　　　　　　　　　　　　　　　　(　　　)

3. 为了促使企业加强经济核算,产品成本开支范围可以与理论成本有所背离,但应通过法规制度加以限制。　　　　　　　　　　　　　　　　　　　　　　　　　　　(　　　)

4. 任何不构成产品价值的支出都不能列入产品成本。　　　　　　　　　　　　(　　　)

5. 集中工作方式一般应用于较为复杂的企业。　　　　　　　　　　　　　　　(　　　)

6. 产品成本应当包括生产和销售过程中发生的各种费用。　　　　　　　　　　(　　　)

7. 成本预测是成本决策的结果。　　　　　　　　　　　　　　　　　　　　　(　　　)

8. 企业某一产品某月实际发生的产品生产费用总和,一定等于该种产品该月完工产品成本。　　　　　　　　　　　　　　　　　　　　　　　　　　　　　　　　　　(　　　)

9. 资本性支出不应计入本期产品成本。　　　　　　　　　　　　　　　　　　(　　　)

10. 应由本期负担的费用如果列作待摊费用会虚减本期利润。　　　　　　　　　(　　　)

11. 营业外支出不应当计入生产经营费用。　　　　　　　　　　　　　　　　　(　　　)

12. 期间费用应当直接计入当期损益,不得计入产品成本。　　　　　　　　　　(　　　)

13. 企业资本性支出、营业外支出以及福利性支出等，都属于生产经营费用。　　（　　　）

14. 在一般情况下，企业本期发生的生产费用与本期产品成本在量上是相等的。　（　　　）

项目2　运用品种法计算产品成市

一、单项选择题

1. 企业采用品种法计算产品成本，一般（　　　）。
A. 定期（月末）计算产品成本　　　　B. 每季计算产品成本
C. 每月月末无须计算产品成本　　　　D. 随时计算产品成本

2. （　　　）是品种法的特点。
A. 按步骤分品种计算产品成本
B. 按步骤不分品种计算产品成本
C. 分批别不分品种计算产品成本
D. 不分批、不分步骤但分品种计算产品成本

3. 在大批量多步骤生产的情况下，如果管理上不要求分步骤计算产品成本，其所采用的成本计算方法应是（　　　）。
A. 品种法　　　　B. 分批法　　　　C. 分步法　　　　D. 分类法

4. 下列人员的工资中，属于产品成本的直接人工成本项目的是（　　　）。
A. 生产工人　　　B. 车间管理人员　　　C. 财务部门人员　　　D. 销售部门人员

5. 辅助生产费用分配的各种方法中，可以排除辅助生产实际费用高低对各受益单位成本的影响，便于考核和分析各受益单位的经济责任的方法是（　　　）。
A. 代数分配法　　　B. 一次交互分配法　　　C. 计划成本分配法　　　D. 直接分配法

6. 在工业企业中，为基本生产车间和行政管理部门等部门提供劳务或产品的称为（　　　）。
A. 基本生产车间　　　B. 辅助生产车间　　　C. 直接生产车间　　　D. 间接生产车间

7. 在工业企业中，将各种辅助生产费用直接分配到辅助生产车间以外的各受益单位，而不考虑各辅助生产车间之间相互提供产品或劳务情况的分配方法是（　　　）。
A. 顺序分配法　　　　B. 一次交互分配法
C. 直接分配法　　　　D. 计划成本分配法

8. 辅助生产费用采用交互分配法交互分配后的实际费用应当在（　　　）之间分配。
A. 各受益单位　　　　B. 各辅助生产车间
C. 各基本生产车间　　　　D. 辅助生产车间以外的各受益单位

9. 工业企业中的辅助生产车间，分配给各受益单位的辅助生产费用，是指该生产车间（　　　）。
A. 本期发生的费用　　　　B. 期初在产品成本
C. 期末在产品成本　　　　D. 生产费用合计数

10. 成本计算的品种法，归集生产费用和计算产品成本时都按照（　　　）。
A. 产品品种　　　B. 产品批别　　　C. 产品类型　　　D. 产品生产步骤

11. 在生产多种产品的车间里,(　　)一定可以直接计入产品成本。

A. 机器设备折旧费用　　　　　　　　B. 车间管理人员工资

C. 生产工人的计件工资　　　　　　　D. 生产工人的计时工资

12. 对于外购动力费用总额,按照相关的凭证可能贷记(　　)账户。

A. "生产成本——辅助生产成本"　　　B. "生产成本——基本生产成本"

C. "应付账款"　　　　　　　　　　　D. "其他应付款"

13. 按生活福利部门人员工资的 14%计提的职工福利费,应借记的账户是(　　)。

A. "应付职工薪酬——职工福利"　　　B. "生产成本——基本生产成本"

C. "制造费用"　　　　　　　　　　　D. "管理费用"

14. "辅助生产成本"账户贷方登记的内容是(　　)。

A. 在辅助生产车间加工完成验收入库的自制材料成本

B. 向各受益单位进行分配的费用

C. 企业发生的全部辅助生产费用

D. 辅助生产车间月初在产品成本

15. 制造费用是指企业各个(　　)为组织和管理生产活动而发生的各项费用。

A. 生产单位　　　　B. 管理部门　　　　C. 财务部门　　　　D. 销售部门

16. "废品损失"账户贷方应反映(　　)。

A. 可修复废品的生产成本　　　　　　B. 不可修复废品的生产成本

C. 可修复废品的各项修复费用　　　　D. 回收的废品残料价值

17. 可修复废品的废品损失是指(　　)。

A. 返修前发生的原材料费用

B. 返修前发生的原材料费用加上返修后发生的修理费

C. 返修过程中发生的各项费用

D. 返修前发生的制造费用

18. 某企业有甲、乙两个基本生产车间,共同生产 A、B 两种产品,制造费用的分配采用直接人工工时分配法。201×年 9 月,甲车间制造费用合计为 30 000 元,生产工时为 A 产品 600 小时,B 产品 900 小时;乙车间制造费用合计为 20 000 元,生产工时为 A 产品 150 小时,B 产品 350 小时,则该月 A 产品应负担的制造费用为(　　)元。

A. 18 750　　　　B. 18 000　　　　C. 12 000　　　　D. 6 000

19. 某车间按年度计划分配率法进行制造费用的分配,年度计划分配率为 3 元/小时,9 月份"制造费用"账户月初贷方余额为 300 元,该月实际发生制造费用 4 430 元,实际产量定额工时为 1 400 小时。则该车间 9 月份应分配的制造费用为(　　)元。

A. 3 750　　　　B. 4 200　　　　C. 4 120　　　　D. 3 900

20. 接 19 题,该车间 9 月份"制造费用"账户的月末余额方向为(　　),金额为(　　)元。

A. 借方　70　　　　B. 贷方　30　　　　C. 借方　30　　　　D. 贷方　70

21. 机器工时分配法适用于机械化程度较(　　),制造费用中的折旧费、动力费、修理费等与机器设备的使用密切相关,而且在制造费用中所占的比重较(　　)的生产车间。

A. 高　小　　　　B. 高　大　　　　C. 低　小　　　　D. 低　大

22. 废品损失不包括(　　)。

A. 不可修复废品的报废损失   B. 可修复废品的修复费用

C. 不合格产品的降价损失   D. 产品保管不善的变坏变质损失

23. 某产品经两道工序加工而成,原材料于第一道工序生产开始时投入 60%,第二道工序生产进行至该工序的 30% 时投入余料,假定两道工序的在产品在各工序的完工程度均为50%,则直接材料成本项目各工序月末在产品完工率为( )。

A. 30%、100%   B. 30%、80%   C. 60%、100%   D. 60%、80%

24. 原材料在第一道工序生产开始时一次投入,则各工序投料程度均为( )。

A. 50%   B. 80%   C. 100%   D. 60%

25. 由于各道工序在产品完工程度不同,有的已接近完成,有的刚刚开始,为简化核算,各道工序的在产品的完工程度可选择( )。

A. 50%   B. 80%   C. 100%   D. 60%

26. 产品所耗原材料费用在第一道工序生产开始时投入,则完工产品和月末在产品的原材料费用应按完工产品和月末在产品的( )比例进行计算。

A. 所耗原材料数量   B. 数量

C. 约当产量   D. 所耗原材料费用

27. 某企业 A 产品本月完工 132 件,月末在产品为 80 件,在产品完工程度测定为 60%,月初和本月发生的原材料费用为 28 260 元,原材料随着加工进度陆续投入,则完工产品的原材料费用为( )。

A. 20 724 元   B. 17 596 元   C. 21 688 元   D. 不确定

二、多项选择题

1. 品种法适用于( )。

A. 大批量的单步骤生产

B. 小批单件的单步骤生产

C. 管理上不要求分步计算产品成本的大批量多步骤生产

D. 管理上不要求分步计算产品成本的小批单件多步骤生产

2. 下列各项中,属于品种法成本计算主要特点的有( )。

A. 成本计算对象是产品品种

B. 一般每月月末定期计算产品成本

C. 一般月末要将生产费用在完工产品和在产品之间进行分配

D. 成本计算期和产品生产周期不一致

3. 辅助生产费用的代数分配法,适合于( )。

A. 已经实现电算化的企业

B. 辅助生产车间内部相互提供产品或劳务较少的企业

C. 辅助生产车间内部相互提供产品或劳务较多的企业

D. 辅助生产车间较少的企业

4. 辅助生产的直接分配法,适合于( )。

A. 辅助生产车间内部相互提供产品或劳务较少的企业

B. 辅助生产车间相互提供劳务有明显顺序的企业

C. 辅助生产车间规模较大的企业

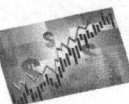

D. 辅助生产车间较多的企业

5. 对于只生产一种产品或提供一种劳务的车间,制造费用为(　　)。

A. 直接费用　　　　　B. 直接计入费用　　　C. 间接费用　　　　　D. 间接计入费用

6. 制造费用的分配方法有(　　)。

A. 定额工时比例分配法　　　　　　　　B. 机器工时分配法

C. 直接工资分配法　　　　　　　　　　D. 年度计划分配率法

7. "制造费用"账户月末(　　)。

A. 可能有余额　　　　　　　　　　　　B. 可能无余额

C. 余额可能在贷方　　　　　　　　　　D. 余额可能在借方

8. 制造费用包括(　　)。

A. 直接用于产品生产的费用

B. 在生产单一产品的车间里直接用于该产品生产的费用

C. 间接用于产品生产的费用

D. 分厂用于组织和管理生产的费用

9. 不应计入产品成本的停工损失有(　　)。

A. 由于暴风雨引起的停工损失

B. 由于火灾引起的停工损失

C. 季节性和固定资产修理期间的停工损失

D. 可以由保险公司赔偿的停工损失

10. 计算不可修废品的净损失,应包括(　　)

A. 不可修复废品的生产成本　　　　　B. 废品残料的价值

C. 应收的赔偿款　　　　　　　　　　D. 修复废品发生的材料费

11. 可修复废品必须具备的条件包括(　　)。

A. 经过修复可以使用　　　　　　　　B. 所花费的修复费用在经济上合算

C. 经过修复可以使用,但经济上不合算　D. 经过修理仍不能使用

12. 企业盘亏或毁损的在产品,在经过审批处理时,可能借记的账户有(　　)。

A. "生产成本"　　　B. "营业外支出"　　　C. "其他业务成本"　　D. "制造费用"

13. 从广义上看,在产品包括(　　)。

A. 从外部购入的半成品

B. 已经完成一个或几个生产步骤,但有待继续加工的零、部件和半成品

C. 尚未验收入库的产成品

D. 正在返修和等待返修的废品

14. 采用(　　)时,本月发生生产费用与完工产品成本相等。

A. 不计算在产品成本法　　　　　　　B. 在产品按固定成本计算法

C. 在产品按原材料费用计算法　　　　D. 在产品按定额成本计价法

15. 约当产量法主要适用于(　　)。

A. 月末在产品数量较小

B. 各月月末在产品数量变化较大

C. 产品成本结构中各成本项目的比重相差不大

D. 月末在产品数量较大

16. 下列方法中,属于生产费用在完工产品和月末在产品之间进行分配的方法有(　　)。

A. 在产品按固定成本计算法　　　　　B. 在产品按完工产品成本计算法

C. 约当产量法　　　　　　　　　　　D. 年度计划分配率法

三、判断题

1. 品种法是既按产品品种,又按产品批别和生产步骤进行成本计算的产品成本计算方法。　　　　　　　　　　　　　　　　　　　　　　　　　　　　　　　　　(　　)

2. 多步骤生产一定不能采用品种法计算产品成本。　　　　　　　　　　　(　　)

3. 采用品种法,在月末计算产品成本时,一定存在完工产品和月末在产品分配费用的问题。　　　　　　　　　　　　　　　　　　　　　　　　　　　　　　　　　(　　)

4. 成本计算对象是区分产品成本计算方法的主要标志。　　　　　　　　　(　　)

5. 品种法只适用于单步骤生产的企业。　　　　　　　　　　　　　　　　(　　)

6. 按产品生产工人工资的一定比例提取的职工福利费,可以与其工资合并计入"直接人工"成本项目。　　　　　　　　　　　　　　　　　　　　　　　　　　　　　(　　)

7. 用于工业企业生产车间照明的电费应记入"燃料和动力"成本项目。　　(　　)

8. 工业企业各个职能部门职工的工资都属于生产经营费用。　　　　　　　(　　)

9. 制造费用明细账户应当按照基本生产单位开设,辅助生产单位发生的制造费用直接计入辅助生产成本。　　　　　　　　　　　　　　　　　　　　　　　　　　　(　　)

10. 管理人员的工资和福利费,均应通过"制造费用"账户核算。　　　　　(　　)

11. "制造费用"账户月末不可能有余额。　　　　　　　　　　　　　　　(　　)

13. 在产品约当产量不一定是实地盘点的在产品数量。　　　　　　　　　　(　　)

14. 在产品盘盈、盘亏的账务处理,应在制造费用结账之前进行。　　　　　(　　)

15. 某产品经两道工序加工完成,第一道工序工时定额为 15 小时,第二道工序工时定额为 5 小时,若第二道工序月末在产品在本工序的完工程度为 30%,则第二道工序在产品的完工率为 7.5%[(5×30%)÷(15+5)]。　　　　　　　　　　　　　　　　　　　(　　)

四、计算题

1. 光明企业有运输和供电两个辅助生产车间,201×年 9 月,该企业有关辅助生产费用分配的资料见表 1。

表 1　　　　　　　　　　　　　　　　**辅助生产车间相关资料**

辅助生产车间名称		运输车间	供电车间
待分配费用		9 100 元	9 600 元
供应劳务数量		6 500 吨 km	4 000 度
计划单位成本		2 元/吨 km	3.2 元/度
耗用劳务数量	运输车间		1 000
	供电车间	1 500	
	基本生产车间	3 000	1 800
	行政管理部门	2 000	1 200
	合计	6 500	4 000

该企业运输车间和供电车间均未设置"制造费用"账户。

要求:分别采用直接分配法、顺序分配法、一次交互分配法、代数分配法、计划成本分配法五种方法分配该企业运输车间和供电车间的辅助生产费用,同时编制辅助费用分配表和相应的会计分录。

2. 日新企业设有两个基本生产车间,第一车间生产 A、B 两种产品,第二车间生产 C、D 两种产品。第一车间制造费用分配采用直接人工工时分配法,第二车间制造费用分配采用机器工时分配法。201×年 9 月,该企业有关基本生产车间制造费用的相关资料如下:

(1) 根据工资结算汇总表,本月应付工资 80 000 元,其中产品生产工人 65 000 元,第一车间管理人员 4 000 元,第二车间管理人员 5 000 元,厂部管理人员 6 000 元。

(2) 根据上述人员工资总额,分别按照工资总额的 10.5%、2% 和 1.5% 的比例计提本月职工福利费、工会经费和职工教育经费。

(3) 以银行存款 600 元支付办公用品费用,其中第一车间 200 元,第二车间 400 元。

(4) 以银行存款 800 元支付第二车间水费。

(5) 根据企业固定资产折旧计提政策,本月应计提固定资产折旧 10 000 元,其中第一车间 3 500 元,第二车间 4 500 元,厂部 2 000 元。

(6) 根据企业本月耗用材料汇总表,本月领用材料成本 100 000 元,其中车间基本生产领用 92 000 元,第一车间一般耗用 4 000 元,第二车间一般耗用 1 000 元,厂部管理部门耗用 3 000 元。

(7) 第一车间车间主任报销差旅费 600 元,原领用 700 元,收回现金 100 元。

(8) 以银行存款 4 500 元支付本月电费,其中产品生产直接耗用 3 800 元,第一车间一般消耗 500 元,第二车间一般消耗 100 元,厂部耗用 100 元。

(9) 第一车间生产工人工时共 2 500 小时,其中 A 产品 1 850 小时,B 产品 650 小时;第二车间机器工时共为 1 000 小时,其中 C 产品 525 小时,D 产品 475 小时。

要求:

(1) 编制上述业务中涉及制造费用的相关会计分录。

(2) 登记生产车间制造费用明细账(见表 2)。

(3) 分配第一车间和第二车间的制造费用,并编制相应会计分录。

表 2 制造费用明细账

生产车间:

201×年		凭证号数	摘要	人工费用	折旧费	差旅费	低值易耗品摊销	机物料消耗	水电费	办公费	其他	合计
月	日											

3. 宏远企业基本生产车间生产甲产品,经三道工序加工完成,原材料在生产开始后陆续投入,其投入程度与生产工时投入进度不一致。201×年9月初,该产品在产品成本为572 380元,其中直接材料388 900元,直接人工78 630元,制造费用104 850元;本月发生生产费用为1 182 620元,其中直接材料907 460元,直接人工117 930元,制造费用157 230元。各工序材料消耗定额和工时定额及在产品数量见表3。

表3 各工序相关资料表

工序	本工序原材料消耗定额(千克)	本工序工时定额(小时)	本工序月末在产品数量(件)
一	200	100	200
二	160	60	200
三	140	40	100
合计	500	200	500

本月完工产品230件,各工序在产品完工程度均为50%。

要求:

(1) 编制在产品约当产量计算表(按各成本项目分别计算),见表4和表5。

(2) 编制甲产品成本计算单(约当产量法),见表6。

表4 在产品直接材料约当产量计算表

产品: 年 月

工序	本工序材料费用消耗定额(千克)	本工序累计材料费用消耗定额(千克)	本工序在产品投料率(%)	在产品数量(件)	在产品约当产量(件)
一					
二					
三					
合计		—	—		

表5 在产品直接人工和制造费用约当产量计算表

产品: 年 月

工序	本工序工时定额(小时)	在产品在本工序的完工程度(%)	本工序累计工时定额(小时)	本工序在产品完工率(%)	在产品数量(件)	在产品约当产量(件)
一						
二						
三						
合计			—	—		

表6 产品成本计算单

产品: 年 月 金额单位:元

项 目	直接材料	直接人工	制造费用	合计
月初在产品成本				
本月发生生产费用				
生产费用合计				

（续表）

项　目	直接材料	直接人工	制造费用	合计
完工产品数量(件)				
月末在产品约当产量(件)				
数量合计(件)				
费用分配率				
完工产品总成本				
完工产品单位成本				
月末在产品成本				

4. 光明工厂设有一个基本生产车间,大量单步骤生产甲、乙两种产品,设有供汽和供电两个辅助生产车间,为基本生产车间及其他部门提供产品及劳务。产品成本计算采用品种法。201×年8月,该厂的成本核算资料如下:

（1）根据领料原始凭证(略)编制的材料费用分配汇总表和低值易耗品耗用表见表7和表8。

表7　　　　　　　　　　　　　**材料费用分配汇总表**
201×年8月31日　　　　　　　　　　　　　　　　金额单位:元

应借账户			共同耗用材料费用的分配					直接领用材料	合计
总账账户	二级明细账户	成本项目	产量(件)	单位消耗定额(千克)	定额消耗用量(千克)	分配率	应分配材料费用		
基本生产成本	甲产品	直接材料	1 500	10				28 000	
	乙产品	直接材料	1 000	4				21 000	
	小计		2 500				19 000	49 000	
辅助生产成本	供汽车间	直接材料						3 800	
	供电车间	直接材料						6 600	
	小计							10 400	
制造费用	基本生产车间	制造费用						3 000	
管理费用								800	
废品损失	甲产品	废品损失						400	
合计							19 000	63 600	

表8　　　　　　　　　　　　**低值易耗品耗用表**
201×年8月31日　　　　　　　　　　　　　　　　单位:元

应借账户			直接领用材料	合计
总账账户	二级明细账户	成本项目		
辅助生产成本	供汽车间	直接材料	600	600
	供电车间	直接材料	200	200
	小计		800	800
制造费用	基本生产车间	制造费用	900	900
合计			1 700	1 700

（2）根据工资结算汇总表、职工福利费计算表等编制的人工费用分配汇总表见表9。

表9

人工费用分配汇总表

201×年8月31日 金额单位:元

应借账户		成本项目	应付工资			职工福利费(14%)	工会经费(2%)	职工教育经费(1.5%)	社会保险费(28%)	住房公积金(12%)	人工费用合计
			生产工时(小时)	分配率	工资合计						
基本生产成本	甲产品	直接人工	12 000								
	乙产品	直接人工	8 000								
	小计		20 000		18 000						
辅助生产成本	供汽车间	直接人工			4 300						
	供电车间	直接人工			5 200						
	小计				9 500						
制造费用	基本生产车间				1 200						
管理费用					1 300						
废品损失	甲产品	废品损失			150						
合计					30 150						

（3）根据车间、部门的折旧计算表编制企业折旧计算表见表10。

表10

企业折旧计算表

201×年8月31日 单位:元

应借账户	车间、部门	本月折旧额
制造费用	基本生产车间	1 300
辅助生产成本	供汽车间	650
	供电车间	1 000
管理费用	管理部门	300
合计		3 250

（4）根据各项生产费用发生的原始凭证将其他费用汇总见表11。

表11

其他费用汇总表

20×4年8月31日 单位:元

应借账户	办公费	劳保费	水费	电费	差旅费	其他	合计
制造费用——基本生产车间	500	600	1 000	1 400		120	3 620
辅助生产成本——供汽车间	200	500	200	800		150	1 850
辅助生产成本——供电车间	250	300	250	400		100	1 300
管理费用	300	100	150	200	2 000	200	2 950
合计	1 250	1 500	1 600	2 800	2 000	570	9 720

说明:水电费和其他费用已用银行存款支付。

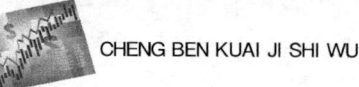

（5）辅助生产车间本月劳务供应量见表 12。

表 12　　　　　　　　　　辅助生产车间供应劳务数量情况表
（供汽、供电）

受益对象	供汽（立方米）	供电（度）
基本生产车间甲产品		8 900
修复甲产品		100
基本生产车间乙产品	4 500	8 000
基本生产车间一般耗用	901	2 000
供电车间		
供汽车间	500	5 000
管理部门		1 000
合计	5 901	25 000

说明：辅助费用采用交互分配法分配。

（6）本月产量情况。甲产品月初在产品数量 200 件，本月投产 1 500 件，本月完工 1 400 件，月末在产品 300 件。在产品完工程度 80%，材料在生产开始时一次投入。甲产品月初在产品成本为 7 760 元，其中直接材料 4 400 元，直接人工 1 600 元，制造费用 1 760 元。乙产品无月初在产品，本月投产 1 000 件，全部完工。

要求：

（1）设置产品成本计算单、制造费用明细账（基本车间）、辅助生产成本明细账（辅助车间不单独核算制造费用）。

（2）填列材料分配汇总表，分配计算材料费用。

（3）填列人工费用分配汇总表，使用生产工时分配直接人工费用。

（4）使用交互分配法分配计算辅助生产费用。

（5）使用生产工时分配制造费用。

（6）采用约当产量法计算完工产品成本和月末在产品成本。

项目3　运用分批法计算产品成本

一、单项选择题

1. 分批法适合于（　　）的生产型企业。

A. 复杂生产　　　　B. 大批生产　　　　C. 大量生产　　　　D. 单件、小批生产

2. 采用简化的分批法，产品完工之前基本生产成本三级明细账登记的内容包括（　　）。

A. 任何费用　　　　　　　　　　B. 原材料费用

C. 直接计入费用和生产工时　　　　D. 间接费用

3. 简化的分批法与分批法的区别在于（　　）。

A. 不分批计算完工产品成本　　　　B. 不进行间接费用的分配

C. 不分批核算原材料费用　　　　　D. 不分批计算在产品的成本

4. 如果在一张订单中规定有几种产品，或虽然只有一种产品但其数量较大并要求分批交货时，可以把（　　）作为成本计算对象。

A. 产品品种 B. 产品批别

C. 产品工艺过程 D. 产品生产步骤

5. 如果是小批生产,批内产品一般都能同时完工,采用分批法计算成本时,月末一般不存在( )。

A. 各项间接费用的分配

B. 各项直接费用的分配

C. 生产费用在完工产品与期末在产品之间的分配

D. 期间费用的分配

6. 简化的分批法之所以简化,是由于( )。

A. 不计算在产品成本 B. 不分批计算在产品成本

C. 不分批计算完工产品成本 D. 采用累计的费用分配率分配各种费用

7. 在简化的分批法下,其间接计入费用的分配是在( )合并一次完成,因而大大简化了核算工作。

A. 月末 B. 季末 C. 年末 D. 产品完工时

二、多项选择题

1. 在简化的分批法下,累计间接计入费用分配率是( )的依据。

A. 在各批产品之间分配间接费用

B. 在各批在产品之间分配间接计入费用

C. 完工产品与在产品之间分配间接计入费用

D. 完工产品与在产品之间分配间接费用的依据

2. 采用分批法计算产品成本时,如果批内产品跨月陆续完工的情况不多,完工产品占全部批量的比重很小,先完工的产品可以按( )计价从产品成本明细账转出。

A. 估算单位成本 B. 定额单位成本

C. 近期相同产品的实际单位成本 D. 计划单位成本

3. 分批法的成本计算对象有( )。

A. 产品的批别 B. 产品的生产步骤

C. 产品的品种 D. 产品的生产订单

4. 在简化的分批法下,各月( )。

A. 只计算完工产品成本

B. 只对完工产品分配各项间接计入费用

C. 不分批计算在产品成本

D. 不在完工产品与在产品之间分配费用

5. 在简化分批法下,( )是错误的。

A. 无需设置基本生产成本二级明细账

B. 在基本生产成本二级明细账中只登记直接费用

C. 在产品完工之前,基本生产成本三级明细账只登记直接计入费用和生产工时

D. 在生产成本二级账中只登记间接费用

6. 在分批法下,产品成本计算可能为( )。

A. 客户的订单 B. 产品的种类

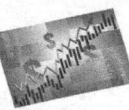

C. 相同产品的不同订单　　　　　　　　　D. 一张订单下的不同产品

7. 简化的分批法适用于（　　　）。

A. 同一月份投产的产品批数很多　　　　　B. 同一月份投产的产品批数很少

C. 月末完工产品的批数较少　　　　　　　D. 月末完工产品的批数较多

8. 分批法适用于（　　　）。

A. 单步骤生产

B. 多步骤生产

C. 在管理上不要求分步计算成本的多步骤生产

D. 在管理上要求分步计算成本的多步骤生产

9. 基本生产成本二级明细账中月末在产品的各项间接计入费用的金额,可以根据（　　　）登记。

A. 月初在产品

B. 各基本生产成本三级明细账月末在产品的各该间接计入费用的合计数

C. 该基本生产成本二级明细账月末在产品生产工时乘以各该间接计入费用分配率计算

D. 该基本生产成本二级明细账各该间接计入费用的累计数减去完工产品的相应数额计算

10. 分批法与品种法的主要区别有（　　　）。

A. 成本计算对象不同　　　　　　　　　　B. 会计核算期间不同

C. 成本计算对象所含成本项目不同　　　　D. 成本计算期不同

三、判断题

1. 在分批法下,产品成本明细账的设置不一定与订单一致。　　　　　　　　（　　　）

2. 产品成本的分批法又称为订单法。　　　　　　　　　　　　　　　　　　（　　　）

3. 简化的分批法就是不分批计算在产品成本的分批法。　　　　　　　　　　（　　　）

4. 在分批法下,不存在完工产品与月末在产品之间分配费用的问题。　　　　（　　　）

5. 在简化的分批法下,如果月份内无完工产品,则无需计算累计间接计入费用分配率。

（　　　）

6. 简化的分批法之所以简化就在于可以不计算在产品成本。　　　　　　　　（　　　）

7. 只要月末未完工的批次比重较大,就可以采用简化的分批法。　　　　　　（　　　）

8. 在分批法下,也需要对间接费用进行分配。　　　　　　　　　　　　　　（　　　）

9. 在分批法下,在批内产品跨月陆续完工的情况下,完工产品的成本必须按照实际成本计算结转。　　　　　　　　　　　　　　　　　　　　　　　　　　　　　　　　（　　　）

10. 分批法只适合单步骤生产的产品的成本计算。　　　　　　　　　　　　（　　　）

四、计算题

1. 红光企业生产甲、乙两种产品,属小批生产,采用分批法计算产品成本。201×年 9 月,该企业的有关成本资料如下:

（1）本月份生产的产品批号如下:

801 批号:甲产品 10 台,本月 1 日投产,本月完工 8 台,购货单位 A 公司。

802 批号:乙产品 10 台,本月 5 日投产,本月完工 2 台,购货单位 B 公司。

（2）本月份各批号生产费用如下:

801 批号甲产品:直接材料 24 000 元,直接人工 11 250 元,制造费用 12 960 元。

802 批号乙产品:直接材料 28 200 元,直接人工 22 800 元,制造费用 10 800 元。

801 批号甲产品完工数量较大,原材料在生产开始时一次投入,其他费用采用约当产量法在完工产品与月末在产品之间进行分配,在产品完工程度为 80%。

802 批号乙产品完工数量较小,完工产品按计划成本结转。每台产品计划成本:直接材料 2 850 元,直接人工 2 400 元,制造费用 1 200 元。

要求:1. 分别编制 801 批甲产品和 802 批乙产品成本计算单。

2. 宏伟企业采用小批生产,产品批数多,而且月末有较多批号未完工,因而采用简化的分批法。20×4 年 9 月,该企业有关资料如下:

(1) 9 月份生产批号如下:

901 号甲产品 10 件,8 月投产,9 月月末全部完工。

902 号乙产品 10 件,8 月投产,9 月份完工 8 件。

903 号丙产品 6 件,9 月初投产,尚未完工。

904 号丁产品 6 件,9 月初投产,尚未完工。

(2) 各批号 9 月月末累计直接材料费用(原材料在生产开始时一次投入)和工时如下:

901 号甲产品直接材料 43 200 元,工时 21 648 小时。

902 号乙产品直接材料 28 800 元,工时 25 800 小时。

903 号丙产品直接材料 19 200 元,工时 10 320 小时。

904 号丁产品直接材料 13 296 元,工时 9 864 小时。

(3) 9 月月末,该月全部产品累计直接材料 104 496 元,工时 67 632 小时,直接人工 27 052.8 元,制造费用 33 816 元。

(4) 9 月月末,完工产品工时 34 872 小时,其中甲产品 21 648 小时,乙产品 13 224 小时。

要求:计算累计间接计入费用分配率和各批完工产品成本(按成本项目列示)。

项目4 运用分步法计算产品成本

一、单项选择题

1. 产品成本计算的分步法是(　　)。

A. 分车间计算产品成本的方法

B. 按生产步骤计算产品成本的方法

C. 计算产品成本中各步骤的"份额"的方法

D. 计算各步骤半成品和最后步骤产品成本的方法

2. 采用逐步结转分步法,生产费用在完工产品和月末在产品之间进行分配时,在产品是指(　　)。

A. 各步骤正在加工的广义在产品

B. 本步骤和本步骤以后各步骤正在加工的在产品

C. 本步骤正在加工的狭义在产品

D. 本步骤和本步骤以前各步骤正在加工的在产品

3. 成本还原是指对（　　　）。

A. 各步骤完工的半成品进行还原

B. 产成品中所耗上一步骤的半成品综合成本进行分解还原

C. 各步骤转入下一步骤的半成品综合进行还原

D. 各步骤转入产成品的各项目成本进行还原

4. 逐步结转分步法是指（　　）。

A. 不计列半成品成本的分步法

B. 半成品成本随实物转移而逐步结转的分步法

C. 半成品成本从各步骤直接结转到产成品成本的方法

D. 各步骤当月发生的生产费用逐步结转到下一步骤的方法

5. 采用逐步结转分步法，对产成品的综合成本进行还原时，（　　）。

A. 成本还原率＝本步骤完工的半成品成本÷本月完工产成品的总成本

B. 成本还原率＝产成品中所耗上一步骤半成品成本÷本月上一步骤完工半成品的成本

C. 成本还原率＝本月完工产品的总成本÷本月上一步骤完工半成品的成本

D. 成本还原率＝本步骤完工半成品的成本÷本月上一步骤完工半成品的成本

6. 下列产品成本计算方法中，需要对成本进行还原的是（　　）。

A. 按成本项目逐步结转半成品成本　　　　B. 按成本项目平行结转半成品成本

C. 按综合成本逐步结转半成品成本　　　　D. 按综合成本平行结转半成品成本

7. 采用平行结转分步法，月末在完工产品和在产品之间分配生产费用，是指（　　）。

A. 产成品与各步骤正在加工的在产品之间的费用分配

B. 各步骤完工的半成品与本步骤的在产品之间的费用分配

C. 最后一步骤完工的产成品与各步骤的广义在产品之间的费用分配

D. 各步骤完工的半成品与本步骤的广义在产品之间的费用分配

8. 下列各项中，不属于平行结转分步法的特点是（　　）。

A. 各步骤不计算也不结转半成品的成本

B. 月末，应将产成品应负担的成本从本步骤结转到下一步骤

C. 月末，将产成品应负担的成本从各步骤直接结转到产成品的成本

D. 平行结转分步法不需要对产品成本进行还原

9. 下列各项中，不属于分项结转法的特点是（　　）。

A. 各步骤所耗上一步骤的半成品的成本，应按成本项目分项转入各步骤的成本项目中

B. 可以提供按原始成本项目反映的成本资料，不需要进行成本还原

C. 半成品的明细账也应分项目登记成本资料

D. 可以简化产品成本的计算和核算手续

10. 分步法的适用范围是（　　）。

A. 大批大量多步骤的生产　　　　　　　　B. 大量大批单步骤生产

C. 单价小批生产　　　　　　　　　　　　D. 成批生产

二、多项选择题

1. 下列各项中，属于分步法特点的有（　　）。

A. 它是以产品的品种及其所经历的生产步骤作为成本计算对象

B. 成本计算是定期按月进行的,而不是生产周期

C. 月末,一般需要将生产费用在完工产品和在产品中分配

D. 成本计算是生产周期,而不是定期按月进行的

2. 产品成本计算的分步法按半成品价值是否随半成品实物转移可以分为(　　　)。

A. 综合成本逐步结转法　　　　　　　　B. 平行结转分步法

C. 分项成本逐步结转法　　　　　　　　D. 逐步结转分步法

3. 逐步结转分步法的特点有(　　　)。

A. 实物结转与半成品成本结转相一致

B. 能够提供各生产步骤半成品成本资料

C. 各生产步骤的成本包括本步骤耗用的直接材料或自制半成品费用和其他各项费用

D. 能够为各生产步骤在产品的实物管理和资金管理提供资料

4. 下列情况中,需要采用逐步结转分步法计算产品成本的有(　　　)。

A. 半成品除自用以外还要对外销售

B. 某种半成品要作多种产品的生产零配件

C. 为了与同行业的成本比较

D. 产成品由多个自产零部件组装而成

5. 平行结转分步法的特点有(　　　)。

A. 总成本应由产成品和在产品承担,此处的在产品是广义的

B. 不计算各步骤的半成品成本

C. 半成品实物的转移不体现在账面上

D. 只有第一个步骤中有材料费用和其他费用,而其他步骤只归集了本步直接发生的加工费用

6. 采用平行结转法(　　　)。

A. 各步骤可以同时计算产品成本

B. 不能提供半成品成本资料

C. 使费用结转与半成品实物转移脱节

D. 不能全面地反映各个生产步骤产品的生产耗费水平

E. 不能够直接提供按原始成本项目反映的产成品成本资料

三、判断题

1. 逐步结转分步法实际上就是品种法的多次连续应用。　　　　　　　　(　　)

2. 逐步结转分步法,按照半成品成本在下一步骤成本明细账中的反映方法,可分为综合结转和分项结转两种方法。　　　　　　　　　　　　　　　　　　(　　)

3. 在逐步结转分步法下是半成品完工后不通过半成品库收发,而直接转入下一步骤,则半成品成本应在各个步骤的产品成本明细账之间直接结转。　　　　　(　　)

4. 成本还原的对象是还原前的产成品成本。　　　　　　　　　　　　(　　)

5. 在平行结转分步法下,计算各个步骤产品成本时,实物的转移体现在账面上。　(　　)

6. 分步计算成本就是分车间计算成本。　　　　　　　　　　　　　　(　　)

7. 逐步结转分步法也称作不计算半成品成本的分步法。　　　　　　　(　　)

8. 采用平行结转分步法,各步骤可以同时计算产品成本,但各步骤间不结转半成品成本。

　　　　　　　　　　　　　　　　　　　　　　　　　　　　　(　　)

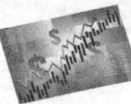
9. 分步法并不要求必须对所有的生产步骤单独设立明细账并计算成本。 （　　）

10. 分步法的适用范围是在经济生活中有一些大量大批的多步骤生产企业。 （　　）

四、计算题

1. 某企业生产甲产品需要经过三个生产步骤,第一步骤生产的 A 半成品直接转入第二步骤,第二步骤生产的 B 半成品直接转入第三步骤,最终生产出甲产品,企业决定采用逐步结转分步法归集各步骤生产费用。原材料在生产开始时一次投入,其他费用陆续发生,各步骤在产品成本采用约当产量法计算,在产品完工程度均为50%。201×年10月,该企业生产资料见表1和表2。

表 1　　　　　　　　　　　　　　　产品产量资料　　　　　　　　　　　　　　单位:元

项　　目	第一步骤	第二步骤	第三步骤
月初在产品	300	120	100
本月投入或上月转入	800	900	980
本月完工产品	900	980	800
月末在产品	200	40	280

表 2　　　　　　　　　　　　　　　各项费用资料　　　　　　　　　　　　　　单位:元

成本项目	第一步骤		第二步骤		第三步骤	
	月初在产品成本	本月生产费用	月初在产品成本	本月生产费用	月初在产品成本	本月生产费用
直接材料(半成品)	16 500	60 500	28 560	—	30 016	—
直接人工	12 500	47 500	10 800	66 000	12 280	46 000
制造费用	8 000	32 000	9 000	45 000	10 980	33 200
合计	37 000	140 000	48 360	111 000	53 276	7 920

要求:

(1)根据上述资料,采用逐步综合结转分步法计算各步骤半成品成本及完工产成品成本并编制相关会计分录。

(2)分别采用成本还原率法和项目比重还原法进行成本还原。

2. 某企业设有三个生产车间,一车间生产甲半成品,完工后直接转入第二车间,第二车间将甲半成品加工成乙半成品直接转入第三车间,第三车间加工出丙产成品。假设原材料在生产开始时一次投入,加工费用陆续投入,在产品完工程度均为50%。有关资料见表3和表4。

表 3　　　　　　　　　　　　　　　产品产量资料　　　　　　　　　　　　　　单位:元

项　　目	第一步骤	第二步骤	第三步骤
月初在产品	12	8	4
本月投入或上步转入	34	40	36
本月完工产品	40	36	30
月末在产品	6	12	10

表4   各项费用资料   单位:元

成本项目	第一车间		第二车间		第三车间	
	月初在产品成本	本月生产费用	月初在产品成本	本月生产费用	月初在产品成本	本月生产费用
直接材料	9 900	11 096				
直接人工	3 000	8 000	1 800	9 240	2 600	6 500
制造费用	1 430	6 600	1 190	8 700	2 200	4 800
合计	14 330	25 696	2 990	17 940	4 800	11 300

要求:采用平行结转分步法计算丙产品成本并编制相关会计分录。

3. 某企业在第一车间生产A配件,第二车间生产B配件,最后在第三车间组装成完工产品甲产品,每台甲产品需要消耗2件A配件和1件B配件。原材料在生产开始时一次投入,加工费用陆续投入,各配件完工后不经过半成品库,直接送入第三车间。三个车间的有关资料见表5和表6。

表5   产品产量资料   单位:件

项 目	第一车间	第二车间	第三车间
月初在产品	120	80	60
本月投入或上月转入	380	160	200
本月产成品	400	200	220
月末在产品	100	40	40

表6   各项费用资料

成本项目	第一车间		第二车间		第三车间	
	月初在产品成本	本月生产费用	月初在产品成本	本月生产费用	月初在产品成本	本月生产费用
直接材料	8 000	27 340	4 400	16 000		
直接人工	6 800	22 840	3 680	13 400	7 920	18 000
制造费用	5 010	19 500	3 260	9 060	6 600	13 320
合计	19 810	69 680	11 340	38 460	14 520	31 320

要求:采用平行结转分步法计算本月完工的甲产品成本。

4. 某企业大量生产乙产品,原材料在生产开始时全部投入,其他费用陆续投入;第一车间生产的乙半成品完工后入半成品仓库收发,发出的半成品成本采用加权平均法确定。201×年9月,该企业有关资料见表7和表8。

表7   生产数量资料   单位:件

项 目	月初在产品	本月投入	本月完工	月末在产品
第一车间	80	460	500	40
第二车间	110	600	620	90

成本项目	第一车间		第二车间	
	月初在产品成本	本月生产费用	月初在产品成本	本月生产费用
直接材料	2 900	24 100	10 892	
直接人工	2 660	22 300	4 405	20 200
制造费用	1 980	19 860	3 520	16 430
合　　计	7 540	66 260	18 817	36 630

表 8　　　　　　　　　　　生产费用资料　　　　　　　　　　单位:元

本月乙半成品月初结存 120 件,总成本为 16 320 元。

要求:采用逐步综合结转分步法计算乙半成品及乙产成品成本,编制相关会计分录。

项目5　工业企业成本报表的编制与分析

一、单项选择题

1. 成本报表作为内部报表,其种类、项目、格式和编制方法,由(　　)确定。

A. 企业自行 　　　　　　　　　　　　B. 主管企业的上级机构

C. 财政部门 　　　　　　　　　　　　D. 审计部门

2. 用来计算若干个相互联系的因素,对综合经济指标变动影响程度的一种分析方法是(　　)。

A. 对比分析法 　　　　　　　　　　　B. 比率分析法

C. 连环替代分析法 　　　　　　　　　D. 差额计算分析法

3. 通过计算某项经济指标的各个组成部分占总体的比重,即部分与全部的比率,进行数量分析的方法是(　　)。

A. 构成比率分析法 　　　　　　　　　B. 相关指标比率分析法

C. 动态比率分析法 　　　　　　　　　D. 对比分析法

4. 反映企业报告期内生产的各种主要产品的单位成本构成情况的成本报表是(　　)。

A. 制造费用明细表 　　　　　　　　　B. 主要产品单位成本表

C. 商品成本明细表 　　　　　　　　　D. 期间费用明细表

5. 产值成本率是产品总成本与(　　)的比率。

A. 总产值 　　　　　　　　　　　　　B. 净产值

C. 商品产值 　　　　　　　　　　　　D. 总产值或商品产值

二、多项选择题

1. 主要产品单位成本表反映的单位成本,包括(　　)。

A. 同行业同类产品实际 　　　　　　　B. 上年实际

C. 本年计划 　　　　　　　　　　　　D. 本年累计实际平均

2. 企业成本报表(　　)。

A. 能综合反映报告期内的产品成本水平

B. 是评价和考核各成本中心成本管理业绩的重要依据

C. 是制定价格的依据

D. 是进行生产决策的依据

3. 指标对比的主要形式有（   ）。

A. 实际与计划指标对比

B. 本期实际与前期或往年同期实际指标对比

C. 本期实际与同行业先进水平对比

D. 本期实际与历史先进水平对比

4. 成本报表一般主要包括（   ）。

A. 产品生产成本表　　　　　　　　　B. 主要产品单位成本表

C. 制造费用明细表　　　　　　　　　D. 产品销售费用明细表

5. 成本报表的主要分析方法有（   ）。

A. 对比分析法　　　　　　　　　　　B. 比率分析法

C. 连环替代分析法　　　　　　　　　D. 差额计算分析法

6. 影响可比产品成本降低率变动的因素有（   ）。

A. 产品产量　　　　B. 产品价格　　　　C. 产品品种结构　　　　D. 产品单位成本

三、判断题

1. 企业编制的成本会计报表,应按会计准则的统一要求定期对外报告。　　　　（　　）

2. 成本报表是对内还是对外,由企业自行决定。　　　　　　　　　　　　　　（　　）

3. 技术经济指标变动对产品成本的影响,主要表现在对产品单位成本的影响。　（　　）

4. 成本分配和计算方法一经确定就不能改变。　　　　　　　　　　　　　　　（　　）

5. 不可比产品是企业以前未生产过的没有历史成本资料的产品。　　　　　　　（　　）

6. 构成比率是计算某项指标的各个组成部分占总体的比重。　　　　　　　　　（　　）

四、计算题

1. 某企业 A 材料 201×年度有关资料见表 1。

表 1　　　　　　　　　　　　　　　　　**A材料有关资料**

项　　目	单　　位	计划数	实际数
产品产量	台	40	42
单位产品材料消耗量	千克	15	13
材料单价	元	100	105
材料费用总额	元	60 000	57 330

要求:分别采用连环替代法和差额计算法分析相关因素对材料费用变动的影响程度。

2. 某企业 201×年 9 月的有关产品成本资料见表 2。

表 2　　　　　　　　　　　　　　　　**有关产品成本资料**　　　　　　　　　　金额单位:元

产品名称	计量单位	实际产量		单位成本		实际总成本	
		本月产量	本年累计	上年实际平均	本年计划	本月产量	本年累计
A产品	台	90	800	500	490	44 550	420 000
B产品	台	30	300	620	608	18 000	186 000

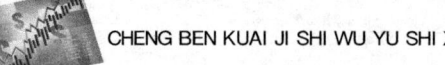

要求：

（1）编制产品成本报表。

（2）计算两种产品成本本年度实际的降低额和降低率。

（3）计算全部产品成本降低额。

下篇 实 训 篇

导视图

运用品种法
计算产品成本

↓

运用分批法
计算产品成本

↓

分步法

↓

工业企业成本报
表的编制与分析

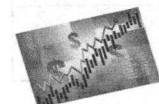

项目 6

运用品种法计算产品成本

一、实训资料

环亚校具厂主要大量大批生产学生课桌和学生椅,该企业设有三个生产车间:成型车间、喷漆车间和组装车间;设有两个辅助生产车间:供水车间、运输车间。产品生产工艺如图 6-1 所示。由于批量大,工序简单,该厂现采用品种法进行成本核算。

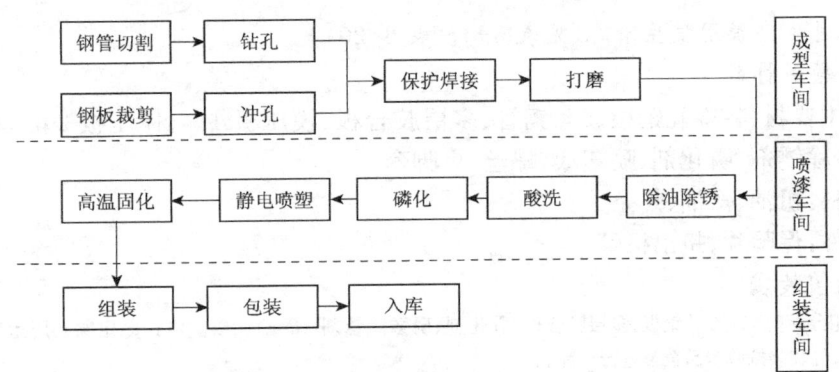

图 6-1 学生课桌和学生椅生产工艺流程

（一）月初在产品成本资料（见表 6-1）

表 6-1 月初在产品成本 单位:元

摘 要	直接材料	直接人工	制造费用	合计
学生课桌月初在产品成本	4 800	4 500	3 900	13 200
学生椅月初在产品成本	6 200	4 500	3 800	14 500

（二）本月生产月报统计（见表 6-2）

表 6-2 产品产量及工时统计表
201×年1月

项 目	计量单位	学生课桌	学生椅
月初在产品	件	200	350
本月投入	件	850	750
本月完工	件	950	1 000

（续表）

项　　目	计量单位	学生课桌	学生椅
月末在产品	件	100	100
实际工时	小时	5 500	4 500

注：在产品完工成本程度均为50%。

（三）本单位产品消耗定额资料（见表 6-3）

表 6-3　　　　　　　　　　　　　单位产品材料消耗定额

产品名称 材料名称	计量单位	学生课桌	学生椅
冷轧钢板	张	0.45	0.15
多层胶合板	张	0.20	0.25
乳化剂	升	0.35	0.25
磷酸除锈剂	千克	0.05	0.02
磷化剂	千克	0.20	0.15
喷塑漆	升	0.35	0.15

（四）本月生产费用发生情况（见表 6-4～表 6-20）

1. 本月领用材料

原料及主要材料：冷轧钢板、5＃钢管、多层胶合板、模压板 1＃、模压板 2＃、模压板 3＃、乳化剂、磷酸除锈剂、磷化剂、喷塑漆、螺丝、桌脚套

辅助材料：机油、汽油、焊条

备品备件：保险片、挤出机嘴

包装物：包装袋

注：材料费用分配时：① 冷轧钢板、多层胶合板、乳化剂、磷酸除锈剂、磷化剂、喷塑漆按照定额耗用量比例进行分配。② 螺丝、桌脚套、包装袋按照产品数量进行分配。

表 6-4　　　　　　　　　　　　　　领　料　单

单位：成型车间　　　　　　　　　201×年 1 月 2 日　　　　　　　　　金额单位：元

货号	品名	单位	数量	单价	金额	
	冷轧钢板	张	400	25	10 000	二交会计
用途			产品生产领用			

部门主管：李勇　　　　批料：王岩　　　　领料人：胡林　　　　制单：王芳

表 6-5　　　　　　　　　　　　　　领　料　单

单位：成型车间　　　　　　　　　201×年 1 月 5 日　　　　　　　　　金额单位：元

货号	品名	单位	数量	单价	金额	
	5＃钢管	米	950	4	3 800	二交会计
用途			学生椅领用			

部门主管：李勇　　　　批料：王岩　　　　领料人：张伟　　　　制单：王芳

表 6-6

领　料　单

单位:供水车间　　　　　　　　　　　201×年 1 月 7 日　　　　　　　　　　金额单位:元

货号	品名	单位	数量	单价	金额
	保险片	个	40	18	720
	机油	公升	8	20	160
用途			车间领用		

部门主管:李勇　　　　批料:王岩　　　　领料人:张伟　　　　制单:王芳

表 6-7

领　料　单

单位:成型车间　　　　　　　　　　　201×年 1 月 12 日　　　　　　　　　金额单位:元

货号	品名	单位	数量	单价	金额
	冷轧钢板	张	600	25	16 000
用途			产品生产领用		

部门主管:李勇　　　　批料:王岩　　　　领料人:胡林　　　　制单:王芳

表 6-8

领　料　单

单位:运输车间　　　　　　　　　　　201×年 1 月 14 日　　　　　　　　　金额单位:元

货号	品名	单位	数量	单价	金额
	保险片	个	60	18	1 080
	挤出机嘴	套	5	25	125
	机油	升	6	20	120
用途			车间耗用		

部门主管:李勇　　　　批料:王岩　　　　领料人:张伟　　　　制单:王芳

表 6-9

领　料　单

单位:成型车间　　　　　　　　　　　201×年 1 月 15 日　　　　　　　　　金额单位:元

货号	品名	单位	数量	单价	金额
	焊条	千克	30	20	600
用途			车间领用		

表 6-10

领　料　单

单位:成型车间　　　　　　　　　　　201×年 1 月 15 日　　　　　　　　　金额单位:元

货号	品名	单位	数量	单价	金额
	机油	公升	6	20	120
用途			车间一般耗用		

部门主管:李勇　　　　批料:王岩　　　　领料人:张伟　　　　制单:王芳

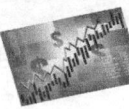

表 6-11

领 料 单

单位:喷漆车间　　　　　　　　　　201×年 1 月 17 日　　　　　　　　　　金额单位:元

货号	品名	单位	数量	单价	金额	
	磷化剂	千克	500	2.5	1 250	二交会计
	磷酸除锈剂	千克	100	20	2 000	
用途		产品领用				

部门主管:李勇　　　　　批料:王岩　　　　　领料人:张伟　　　　　制单:王芳

表 6-12

领 料 单

单位:组装车间　　　　　　　　　　201×年 1 月 18 日　　　　　　　　　　金额单位:元

货号	品名	单位	数量	单价	金额	
	多层胶合板	张	700	9	6 300	二交会计
用途		产品生产领用				

部门主管:李勇　　　　　批料:王岩　　　　　领料人:胡林　　　　　制单:王芳

表 6-13

领 料 单

单位:组装车间　　　　　　　　　　201×年 1 月 19 日　　　　　　　　　　金额单位:元

货号	品名	单位	数量	单价	金额	
	模压板 1#	张	480	15	7 200	二交会计
用途		学生课桌领用				

部门主管:李勇　　　　　批料:王岩　　　　　领料人:张伟　　　　　制单:王芳

表 6-14

领 料 单

单位:组装车间　　　　　　　　　　201×年 1 月 21 日　　　　　　　　　　金额单位:元

货号	品名	单位	数量	单价	金额	
	模压板 2#	张	780	10	7 800	二交会计
	模压板 3#	张	780	6	4 680	
用途		学生椅领用				

部门主管:李勇　　　　　批料:王岩　　　　　领料人:张伟　　　　　制单:王芳

表 6-15

领 料 单

单位:厂部　　　　　　　　　　201×年 1 月 22 日　　　　　　　　　　金额单位:元

货号	品名	单位	数量	单价	金额	
	汽油	公升	300	6	1 800	二交会计
	机油	公升	3	20	60	
用途		汽车领用				

部门主管:李勇　　　　　批料:王岩　　　　　领料人:张伟　　　　　制单:王芳

表 6-16　　　　　　　　　　　领　料　单

单位:组装车间　　　　　　　　201×年 1 月 24 日　　　　　　金额单位:元

货号	品名	单位	数量	单价	金额
	模压板1#	张	400	15	6 000
用途			学生课桌领用		

部门主管:李勇　　　　批料:王岩　　　　领料人:张伟　　　　制单:王芳

二　交会计

表 6-17　　　　　　　　　　　领　料　单

单位:组装车间　　　　　　　　201×年 1 月 25 日　　　　　　金额单位:元

货号	品名	单位	数量	单价	金额
	螺丝	包(100 个)	300	10	3 000
	桌脚套	套	1 950	0.3	585
	包装袋	卷	200	5	1 000
用途			产品领用		

部门主管:李勇　　　　批料:王岩　　　　领料人:张伟　　　　制单:王芳

二　交会计

表 6-18　　　　　　　　　　　领　料　单

单位:运输车间　　　　　　　　201×年 1 月 26 日　　　　　　金额单位:元

货号	品名	单位	数量	单价	金额
	汽油	升	600	6	3 600
用途			汽车领用		

部门主管:李勇　　　　批料:王岩　　　　领料人:张伟　　　　制单:王芳

二　交会计

表 6-19　　　　　　　　　　　领　料　单

单位:喷漆车间　　　　　　　　201×年 1 月 27 日　　　　　　金额单位:元

货号	品名	单位	数量	单价	金额
	乳化剂	升	700	4.5	3 150
	喷塑漆	升	750	16	12 000
用途			产品领用		

部门主管:李勇　　　　批料:王岩　　　　领料人:张伟　　　　制单:王芳

二　交会计

表 6-20　　　　　　　　　　　领　料　单

单位:喷漆车间　　　　　　　　201×年 1 月 27 日　　　　　　金额单位:元

货号	品名	单位	数量	单价	金额
	机油	升	5	20	100
	汽油	升	40	6	240
用途			学生课桌领用		

部门主管:李勇　　　　批料:王岩　　　　领料人:张伟　　　　制单:王芳

二　交会计

2. 外购动力费用情况（按实际生产工时比例分配）

本月用银行存款支付电费 9 525.56 元。有关凭证见表 6-21～表 6-23。

表 6-21　转账支票

中国工商银行转账支票存根

Ⅵ1102249788

科　　目：＿＿＿＿＿＿＿＿＿＿＿＿＿＿＿

对方科目：＿＿＿＿＿＿＿＿＿＿＿＿＿＿＿

出票日期：201×年 1 月 31 日

收款人：蓬莱供电公司
金额：￥9 525.56
用途：电费

单位主管：　　　　　　　会计：

表 6-22

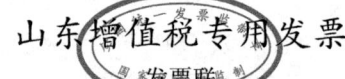

山东增值税专用发票

发票联　　　　　　　　　开票日期 201×年 01 月 31 日

购货单位	名　称：环亚校具厂 纳税人识别号：370205323536822 地址、电话：青岛市新牟路 26 号,0532-86230355 开户行及账号：工行 156567536	密码区	6 * 06－<6－4150－7>5+8 加密版本：01 81－294+96364/6+/－<6+81－664>310+/－28> < 6 < 523700081140 < 7028/－ 41469/79/6 > >0502175944

货物或应税劳务名称	规格型号	单位	数量	单价	金额	税率	税额
电	照明	千瓦时	3 800	0.55	2 090.00	17％	355.30
电	生产	千瓦时	8 645	0.70	6 051.50	17％	1 028.76
合计					￥8 141.50		￥1 384.06

价税合计（大写）	×玖仟伍佰贰拾伍元伍角陆分	（小写）￥9 525.56

销货单位	名称：青岛供电公司 纳税人识别号：370205327881256 地址、电话：青岛刘家峡路 17 号,0532-85760368 开户行及账号：工行市南二支行 760186588	备注

收款人：　　　　　　复核：　　　　　　　开票人：魏强　　　　　销货单位：（章）

注：抵扣联略。

表 6-23　　　　　　　　　　　　　　外购电费耗用表

年　月　　　　　　　　　　　　　　　　　　　　　　　金额单位:元

应借科目	项目	动力用电		照明用电	
		耗用量（千瓦时）	分配额	耗用量（千瓦时）	分配额
生产耗用	成型车间	4 200			
	喷漆车间	2 003			
	组装车间	542			

（续表）

项目 应借科目		动力用电		照明用电	
		耗用量（千瓦时）	分配额	耗用量（千瓦时）	分配额
一般耗用	成型车间			1 200	
	喷漆车间			1 050	
	组装车间			880	
	供水车间	1 900		210	
	运输车间			110	
厂部管理部门				220	
销售机构				130	
合计		8 645		3 800	

3. 人工费用（按实际生产工时比例分配）

工资结算汇总表和社会保险及住房公积金结算汇总表见表 6-24 和表 6-25。

表 6-24　　　　　　　　　　　　　　工资结算汇总表

201×年 1 月　　　　　　　　　　　　　　　单位:元

部门人员		基本工资	奖金	津贴和补贴		岗位工资	应扣工资		应发工资	代扣款项			扣款合计	实发工资
部门名称	人员类别			物价补贴	中夜班津贴		病假	事假		社会保险	住房公积金	个人所得税		
成型车间	生产工人	6 400	1 600	400	1 600	400	40	10	10 350	310.5	789.0	395.0	1 494.50	8 855.50
	管理人员	3 200	2 500	70	200	70	16	10	6 014	180.42	98.0	71.4	349.82	5 664.18
喷漆车间	生产工人	5 250	1 000	250	1 000	250	15	5	7 730	231.90	487.0	248.0	966.90	6 763.10
	管理人员	3 200	250	70	200	70	10	5	3 775	113.25	95.0	72.5	280.75	3 494.25
组装车间	生产工人	8 400	1 600	400	1 600	400	35	5	12 360	370.80	773.0	396.0	1 539.80	10 820.20
	管理人员	3 800	375	105	320	105		5	4 700	141.00	141.0	112.5	394.50	4 305.50
供水车间	生产工人	3 600	1 200	600	500	200	50		6 050	181.5	1 110.5	595.0	1 887.00	4 163.00
	管理人员	2 400	500	140	400	140	5	0	3 575	107.25	189.0	147.5	443.75	3 131.25
运输车间	生产工人	3 500	600	600	400	600	15	10	5 675	170.25	1 109.9	597.5	1 877.65	3 797.35
	管理人员	2 400	500	140	400	140	10	15	3 555	106.65	191.0	145.5	443.15	3 111.85
企业管理人员		12 000	500	1 000	1 000	1 000	40	10	15 450	463.50	1 021.0	1 105.0	2 589.50	12 860.50
营销人员		4 250	650	200	500	200	5	0	5 795	173.85	250.0	318.0	741.85	5 053.15
合计		58 400	11 275	3 975	8 120	3 575	241	75	85 029	2 550.87	6 254.4	4 203.9	13 009.17	72 019.83

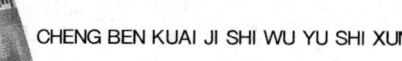

表 6-25   **社会保险及住房公积金结算汇总表**

201×年1月   单位:元

生产部门		应发工资	社会保险					住房公积金(6%)	工会经费(2%)	职工教育经费(1.5%)	合计
			养老保险(20%)	医疗保险(7%)	失业保险(2%)	生育保险(1%)	工伤保险(1.1%)				
基本车间	生产工人										
	管理人员										
供水车间											
运输部门											
管理部门											
销售机构											
合计											

注:①社会保险和住房公积金单位负担比例如下:住房公积金为6%,养老保险为20%,医疗保险为7%,失业保险为2%,生育保险为1%,工伤保险为1.1%。②该厂工会经费和职工教育经费按工资总额的2%和1.5%计提。③个人负担社会保险和住房公积金比例如下:住房公积金为6%,养老保险为8%,医疗保险为1.5%,失业保险为1%。

4. 折旧费用

201×年1月,固定资产原值明细表见表6-26。固定资产折旧采用直线法,净残值率为4%,折旧年限分别为:房屋建筑物20年,机器设备10年。固定资产折旧采用分类折旧率法。

表 6-26   **固定资产原值明细表**

201×年1月1日   单位:元

车间、部门	房屋建筑物	机器设备
成型车间	150 000	89 500
喷漆车间	140 000	85 100
组装车间	180 000	20 310
供水车间	160 000	6 000
运输车间	120 000	40 450
行政管理部门	180 000	54 000
销售机构	150 000	35 000
合计	1 080 000	330 360

5. 保险费

支付本月保险费1 540元。其中:成型车间330元,喷漆车间540元,组装车间160元,供水车间180元,运输车间180元,行政管理部门150元。

6. 其他费用

本月支付短期借款利息580元;本月发生办公费用950元,其中成型车间300元,喷漆车间500元,组装车间150元;本月车间报销差旅费1 400元,其中成型车间800元,喷漆车间400元,组装车间200元。

7. 辅助生产费用(见表 6-27 和表 6-28)

表 6-27　　　　　　　　　　　　**劳务供应通知单**

车间名称:供水车间　　　　　　　　201×年 1 月

车间、部门	成型车间		喷漆车间		组装车间		运输车间	行政管理部门	合计
	产品耗用	车间耗用	产品耗用	车间耗用	产品耗用	车间耗用			
受益数量(立方米)	—	120	360	140	—	40	280	360	1 300

表 6-28　　　　　　　　　　　　**劳务供应通知单**

车间名称:运输车间　　　　　　　　201×年 1 月

车间、部门	成型车间	喷漆车间	组装车间	供水车间	行政管理部门	销售机构	合计
受益数量(千米)	340	380	450	150	360	850	2 530

二、实训要求

(1) 设置"基本生产成本"、"辅助生产成本"、"制造费用(基本生产)"明细账。

(2) 编制各种费用分配表,编制有关记账凭证,登记有关账户。

(3) 月末采用直接分配法,分配辅助生产费用;编制有关记账凭证,登记有关账户。

(4) 月末分配结转基本生产车间的制造费用,登记有关账户。

(5) 月末计算完工产品成本及月末在产品成本;编制产品完工入库业务的记账凭证。

(6) 成本计算过程分配率保留小数点后 4 位,金额保留 2 位小数。

项目 7

运用分批法计算产品成本

一、实训资料

盛达服装有限公司根据购买单位订单小批生产男士衬衣和女士衬衣两种产品,采用分批法计算产品成本。该公司设有三个流水线车间:裁剪车间、加工车间、质检车间。该公司还设置一个辅助车间:供水车间。

该公司产品成本核算采用分批法。产品成本核算要求如下:

(1) 该公司设置"基本生产成本"二级明细账;产品成本中原材料费用在生产开始时一次投入,产品所需的辅助材料、包装材料随着生产进行逐步投入,原材料、辅助材料及包装材料费用直接计入各批产品成本;工资及福利费、燃料动力费、制造费用按生产工时比例进行分配。

(2) 产品成本计算单按产品订单批号分别设置,月末,生产费用采用约当产量法在完工产品和在产品之间进行分配,除原材料费用外,其他生产费用的完工程度均为 60%。

(3) 供水车间为全厂提供供水服务,该车间发生的各项费用直接通过"辅助生产成本——供水车间"账户核算,月末按其提供的劳务量比例将费用直接分配给各受益车间和部门。

该公司 201×年 5 月有关成本资料如下。

(一)期初资料

1. 男士衬衣(生产批号 501)

201×年 3 月 8 日,根据生产订单投产 4 200 件,3 月份没有完工产品,4 月份生产完工产品 3 000 件,5 月初有在产品 1 200 件,5 月份又投产 1 000 件。

2. 女士衬衣(生产批号 502)

201×年 4 月 25 日,根据生产订单投产 3 000 件,4 月份全部未完工。5 月初有在产品 3 000 件,在产品成本资料见表 7-1。

表 7-1   在产品成本资料   金额单位:元

项目	数量(件)	直接材料	直接人工	燃料及动力	制造费用	合计
男士衬衣	1 200	38 400	28 800	7 200	9 360	83 760
女士衬衣	3 000	90 000	60 000	12 000	15 000	17 000

(二)本月生产情况

1. 男士衬衣(生产批号 501)

5 月,该公司又投产 1 000 件,生产 2 200 件,本月末完工 2 000 件。

2. 女士衬衣(生产批号502)

本月3 000件全部完工。

3. 5月份生产月报统计

本月完工产品产量及工时情况见表7-2。

表 7-2 **产品产量及工时统计表**

产品名称及批号	男士衬衣(件)(501)	女士衬衣(件)(502)
月初在产品	1 200	3 000
本月投产	1 000	
本月完工	2 000	3 000
月末在产品	200	
生产工时(小时)	4 000	6 000

(三)本月生产费用发生情况

1. 5月份材料消耗情况(见表7-3)

表 7-3 **材料消耗汇总表**

201×年5月31日 单位:元

材料名称	产品名称、批号			基本生产车间	供水车间	管理部门	合计
	男士衬衣	女士衬衣	小计				
	(501)	(502)					
竹纤维布	32 000		32 000				32 000
辅助材料	22 000	45 000	67 000				67 000
包装材料	1 000	1 500	2 500				2 500
修理配件				2 500	5 000		7 500
机油				720	470		1 190
其他材料				650	300	2 500	3 450
合计	55 000	46 500	101 500	3 870	5 770	2 500	113 640

2. 5月份耗电情况

5月份以银行存款支付电费48 000元,各部门耗电情况见表7-4。

表 7-4 **5月份耗电明细表**

201×年5月31日

车间部门	基本生产车间		供水车间	行政管理部门	合计
	生产产品	车间照明			
耗电量(度)	13 000	8 700	6 500	4 200	32 400

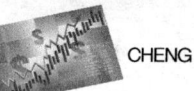

3. 5月份发生的工资及福利费情况(见表7-5)

表7-5

工资结算汇总表

201×年5月31日

单位:元

车间部门		基础工资	津贴	奖金	应发工资
生产车间	生产工人	47 300	5 200	5 000	57 500
	管理人员	5 400	1 200	550	7 150
供水车间		6 800	920	380	8 100
行政管理部门		20 000	2 500	3 200	25 700
合　计		79 500	9 820	9 130	91 450

注:①单位负担社会保险和住房公积金比例如下:住房公积金为4%,养老保险为20%,医疗保险为7%,失业保险为2%,生育保险为1%,工伤保险为1.1%。②个人负担社会保险和住房公积金比例如下:住房公积金为4%,养老保险为8%,医疗保险为1.5%,失业保险为1%。

4. 5月1日固定资产原值资料(见表7-6)

表7-6

固定资产原值明细表

201×年5月1日

单位:元

车间部门		房屋建筑物	机器设备	合计
生产车间	裁剪车间	300 000	180 000	480 000
	加工车间	700 000	1 600 000	2 300 000
	质检车间	300 000	250 000	550 000
	小计	1 300 000	2 030 000	3 330 000
供水车间		500 000	400 000	900 000
行政管理部门		400 000	100 000	500 000
合　计		2 200 000	2 530 000	4 730 000

注:该企业固定资产折旧采用分类折旧率,房屋建筑物月折旧率为1%,机器设备月折旧率为1.5%。

5. 5月份以现金支付其他费用情况(见表7-7)

表7-7

其他费用表

单位:元

车间部门		办公费	电费	差旅费	其他	合计
生产车间	裁剪车间	520	580	5 500	100	6 700
	加工车间	475	850		200	1 525
	质检车间	300	400		300	1 000
	小计	1 295	1 830	5 500	600	9 225
供水车间		400	300	2 700	100	3 500
行政管理部门		500	400	3 000	100	4 000
合计		2 195	2 530	11 200	800	16 725

6. 5月份供水车间劳务提供情况(见表7-8)

表7-8

供水车间劳务通知单

车间部门	生产车间	行政管理部门	合计
供水量(吨)	2 400	320	2 720

二、实验要求

（1）设置"基本生产成本"、"辅助生产成本"、"制造费用（基本生产）"明细账。

（2）编制各种费用分配表，编制有关记账凭证，登记有关账户。

（3）月末采用直接分配法，分配辅助生产费用；编制有关记账凭证，登记有关账户。

（4）月末分配结转基本生产车间的制造费用，登记有关账户。

（5）月末计算完工产品成本及月末在产品成本；编制产品完工入库业务的记账凭证。

（6）成本计算过程分配率保留小数点后 4 位，金额保留 2 位小数。

项目 8

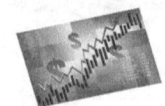

运用分步法计算产品成本

一、实训资料

新恒有限公司是一家实木家具生产公司。该公司设有 3 个基本生产车间和 1 个辅助生产车间,主要生产大衣柜和实木床两种产品。产品由 3 个车间完成,其中切割车间负责将木材加工成符合尺寸的木板;烤漆车间负责将切割车间加工成的木板进行抛光烤漆;组装车间利用烤漆车间转来的木板及外购的其他配件进行组装以对外出售。

产品成本计算方法采用逐步结转分步法。切割车间与烤漆车间的半成品均通过半成品库收发。半成品成本的结转方法采用综合结转法,半成品的发出采用全月一次加权平均法。各步骤完工产品与在产品的分配采用约当产量法。各车间月末在产品完工程度均为 40%。其中,切割车间原材料是在生产开始时一次投入;组装车间自制半成品在生产开始时一次投入,外购件陆续投入。

该公司还设有供电辅助生产车间,为公司所有车间部门提供电力劳务。该辅助生产车间所发生的费用均通过"辅助生产成本"账户进行核算,不再设置"制造费用"账户。

为简化,所有涉及货币资金业务均以银行存款收支。

该企业 201×年 7 月的相关资料如下。

(一)期初"基本生产成本"账户余额(见表 8-1)

表 8-1   "基本生产成本"账户期初余额表

201×年 7 月 1 日   单位:元

账户名称			成本项目					
			自制半成品	直接材料	直接人工	燃料及动力	制造费用	合计
基本生产成本	切割车间	大衣橱木板		2 434	1 758	456	325	
		实木床木板		1 234	896	367	265	
	烤漆车间	大衣橱木板	2 673	832	1 020	650	594	
		实木床木板	2 598	760	1 134	697	811	
	组装车间	大衣橱	3 027	4 215	1 422	593	2 251	
		实木床	5 402	5 243	2 510	708	3 846	

（二）本月产量、工时资料（见表 8-2）

表 8-2　　　　　　　　　　　　　　　**产量、工时统计表**　　　　　　　　　数量单位：件

账户名称			期初在产品数量	本月投产数量	本月完工产量	期末在产品数量	工时（小时）
基本生产成本	切割车间	大衣橱木板	42	2 652	2 485	209	1 285
		实木床木板	56	3 420	3 389	87	1 605
	烤漆车间	大衣橱木板	27	2 500	2 321	201	705
		实木床木板	55	4 240	4 028	267	1 037
	组装车间	大衣橱	18	1 859	1 854	23	1 275
		实木床	73	3 221	3 230	64	2 116

（三）本月生产费用

1. 耗用材料分配汇总表（见表 8-3）

表 8-3　　　　　　　　　　　　**耗用材料分配汇总表**

201×年 7 月　　　　　　　　　　　　　　　　单位：元

账户名称			木材	黏合材料	漆	外购件	消耗材料	合计
基本生产成本	切割车间	大衣橱木板	92 137					
		实木床木板	20 329					
	烤漆车间	大衣橱木板		3 465	12 376			
		实木床木板		9 270	21 925			
	组装车间	大衣橱				51 135		
		实木床				52 032		
制造费用	切割车间						2 946	
	烤漆车间						2 834	
	组装车间						9 106	
辅助生产成本	供电车间						26 490	
管理费用							1 620	
合　计								

2. 人工费用分配汇总表（见表 8-4）

表 8-4　　　　　　　　　　　　**人工费用分配表**

201×年 7 月　　　　　　　　　　　　　　金额单位：元

部　门				应付工资			提取的职工福利（14%）	合计
				工时（小时）	分配率	分配的工资		
基本生产车间	切割车间	生产工人	大衣橱木板	1 789				
			实木床木板	978				
			合计			25 986.00		
		管理人员				2 820.00		

（续表）

部　门			应付工资			提取的职工福利（14%）	合计
			工时（小时）	分配率	分配的工资		
基本生产车间	烤漆车间	生产工人 大衣橱木板	1 105				
		实木床木板	678				
		合计	1 783		12 977.90		
		管理人员			2 300.00		
	组装车间	生产工人 大衣橱	1 346				
		实木床	1 877				
		合计			22 848.60		
		管理人员			5 756.00		
辅助生产车间	供电车间				1 590.00		
行政管理部门					5 465.00		
销售部门					8 769.00		
合　计							

3. 折旧费用分配表（见表8-5）

表8-5　　　　　　　　　　　　　折旧费用分配表

201×年7月　　　　　　　　　　　　　　　　　　　　金额单位：元

车间、部门			7月初应计提折的固定资产原值	月折旧率（%）	月折旧额
基本生产车间	切割车间	房屋	140 000	0.37	
		机器设备	160 000	0.94	
		小计			
	烤漆车间	房屋	180 000	0.37	
		机器设备	250 000	0.94	
		小计			
	组装车间	房屋	165 000	0.37	
		机器设备	170 000	0.94	
		小计			
辅助生产车间	供电车间	房屋	112 100	0.37	
		机器设备	67 000	0.94	
		小计			
管理部门		房屋	129 000	0.37	
		机器设备	34 162	0.94	
		小计			

（续表）

车间、部门		7 月初应计提折的固定资产原值	月折旧率（%）	月折旧额
销售部门	房屋	71 208	0.37	
	机器设备			
	小计	71 208		
合　计				

4. 水费分配表（见表 8-6）

表 8-6　　　　　　　　　　　　**水 费 分 配 表**

201×年 7 月　　　　　　　　　　　　　金额单位:元

用水部门		数量（立方米）	单价	金额
基本车间一般耗用	切割车间	842	3	
	烤漆车间	945		
	组装车间	620		
辅助车间一般耗用	供电车间	600		
管理部门		160		
销售部门		37		
合　　计				

5. 其他费用表（见表 8-7,用银行存款支付）

表 8-7　　　　　　　　　　　　**其 他 费 用 表**

201×年 7 月　　　　　　　　　　　　　单位:元

车间、部门		成本或费用项目	金额
基本生产车间	切割车间	办公费	2 177
		差旅费	1 683
		财产保险费	3 000
		其他	2 789
		小计	
	烤漆车间	办公费	2 896
		差旅费	1 135
		财产保险费	4 333
		其他	3 056
		小计	
	组装车间	办公费	4 237
		差旅费	1 560
		财产保险费	3 356
		其他	1 951
		小计	

（续表）

车间、部门		成本或费用项目	金额
辅助生产车间	供电车间	办公费	3 319
		其他	1 941
		小计	
行政管理部门		办公费	3 490
		差旅费	4 569
		报刊费	245
		其他	2 070
		小计	
销售部门		差旅费	3 480
		展览费	2 000
		其他	2 653
		小计	
合　计			

6. 辅助生产车间提供的劳务数量（见表 8-8）

表 8-8　　　　　　　　　　**辅助生产车间提供的劳务数量表**

201×年 7 月

项　目			机修车间（小时）	供电车间（度）
辅助生产车间耗用		机修车间		1 065
		供电车间	435	
基本生产车间产品耗用	切割车间	大衣橱木板		3 445
		实木床木板		4 556
	烤漆车间	大衣橱木板		5 670
		实木床木板		6 545
	组装车间	大衣橱		5 593
		实木床		6 290
基本生产车间一般耗用		切割车间	1 074	4 120
		烤漆车间	1 465	6 910
		组装车间	970	4 205
行政管理部门耗用			235	2 790
销售部门耗用			51	1 020
提供的劳务总量				

二、实验要求

（1）设置"基本生产成本"、"辅助生产成本"和制造费用明细账，登记期初余额（注：辅助生产车间不设"制造费用"账户）。

（2）完成各种费用分配汇总表，并据此编制记账凭证，登记有关明细账。

（3）月末分配结转基本生产车间的制造费用（按产品的生产工时比例分配）。

（4）计算完工产品（或半成品）及月末在产品成本，完工产品（或半成品）与月末在产品费用分配方法采用约当产量法。

（5）切割车间与烤漆车间的半成品均通过半成品库收发。其中：半成品按综合结转法结转，发出半成品的方法采用全月一次加权平均法，发出自制半成品的单位成本小数点后保留2位。

（6）月末按综合结转法结转组装车间的完工产品成本。

（7）完成成本还原计算表，按照成本还原率法进行成本还原。

项目 9

工业企业成本报表的编制与分析

一、实训资料

风翔公司主要生产各类皮衣,有三个品种:皮夹、皮裤、毛皮大衣,年末企业编报成本报表并对成本报表进行分析。

该公司 201×年度有关成本资料如下。

（一）产量资料（见表 9-1）

表 9-1 　　　　　　　　　　　　产量资料汇总表

产品名称		皮夹（个）	皮裤（条）	毛皮大衣（件）
产量	上年实际	2 000	5 000	7 200
	本年计划	2 400	4 800	7 000
	本月实际	400	360	640
	本年实际	2 600	4 400	7 400

（二）主要产品成本资料（见表 9-2）

表 9-2 　　　　　　　　　　　　单位成本汇总表 　　　　　　　　单位:元

成本项目			直接材料	直接人工	制造费用	合计
皮夹	单位成本	上年实际平均	306.00	120.00	80.00	506.00
		本年计划	304.00	120.00	80.00	504.00
		本月实际	304.00	122.00	76.00	502.00
		本年实际平均	308.00	124.00	72.00	504.00
皮裤	单位成本	上年实际平均	232.00	80.00	68.00	380.00
		本年计划	231.40	84.00	67.20	382.60
		本月实际	254.00	76.00	56.00	386.00
		本年实际平均	252.00	74.80	61.60	388.40
毛皮大衣	单位成本	上年实际平均	240.00	100.00	60.00	400.00
		本年计划	240.00	100.00	56.00	396.00
		本月实际	230.00	106.00	56.00	392.00
		本年实际平均	234.00	98.00	61.00	391.00

二、实验要求

（1）按产品品别编制"生产产品成本表"。

（2）进行产品生产成本的分析，并作简要分析说明。

（3）在计算过程中，成本降低率保留 4 位有效数字，成本降低额保留 2 位小数，尾差计入品种结构变动因素。

教学课件索取单

敬爱的老师：

　　感谢您使用我们出版社的教材。为了方便教学，教材配有相关教学课件。如果您需要，请您填写下面表格中的相关信息，并以电子邮件的形式发到我社，我们在核对您的信息后，即免费向您提供教学课件。

我们的联系方式：

地　　址：上海市中山西路 2230 号 1 号　　　　邮　　编：200235
　　　　　楼 1507 室立信会计出版社　　　　　　电　　话：(021) 64411223(O)
电子邮件：victoria_tysx@126.com　　　　　　联系人：余　榕

教材名称					作者姓名	
教师姓名		性别		身份证号		
学　　校		院系			教 研 室	
学校地址					邮　　编	
职　　务		职称			办公电话	
E-mail		手机			宅　　电	
通信地址					邮　　编	
教材用量		册	委托订购单位			

　　您对本教材的意见和建议是：＿＿＿＿＿＿＿＿＿＿＿＿＿＿＿＿＿＿

＿＿＿＿＿＿＿＿＿＿＿＿＿＿＿＿＿＿＿＿＿＿＿＿＿＿＿＿＿＿＿＿＿＿＿

＿＿＿＿＿＿＿＿＿＿＿＿＿＿＿＿＿＿＿＿＿＿＿＿＿＿＿＿＿＿＿＿＿＿＿

＿＿＿＿＿＿＿＿＿＿＿＿＿＿＿＿＿＿＿＿＿＿＿＿＿＿＿＿＿＿＿＿＿＿＿

＿＿＿＿＿＿＿＿＿＿＿＿＿＿＿＿＿＿＿＿＿＿＿＿＿＿＿＿＿＿＿＿＿＿＿